AF455870

TITRES

ET

TRAVAUX SCIENTIFIQUES

DU

Docteur Em. GAUJOUX

de Montpellier

BIBLIOTHÈQUE NATIONALE IMPRIMÉS

8° Ln27 54495

EXPOSÉ

BIBLIOTHÈQUE NATIONALE
R.F.
IMPRIMÉS

DES

TITRES ET TRAVAUX SCIENTIFIQUES

DU

Docteur Em. GAUJOUX
de Montpellier

8 Ln[27]
54495

PARIS
SOCIÉTÉ FRANÇAISE D'IMPRIMERIE ET DE LIBRAIRIE
ANCIENNE LIBRAIRIE LECÈNE, OUDIN ET Cie
15, rue de Cluny, 15

1910

TITRES

I. — Titres universitaires.

Docteur en médecine (mars 1907).
Lauréat de la Faculté de médecine de Montpellier :
Mention très honorable (concours 1902).
Médaille d'argent (concours 1903).
Mention honorable (Prix Sviécicki, 1907).
Prix Fontaine (meilleure thèse), 1908.
Prix Bouisson (meilleure scolarité), 1908.
Chef de clinique médicale intérimaire (juillet-octobre 1907).
Chef de clinique médicale (maladies des enfants); Concours juin 1907.
Préparateur chef du laboratoire d'Hygiène à la Faculté de médecine (depuis 1908).

II. — Titres hospitaliers.

Externe des hôpitaux de Montpellier, 1902.
Interne provisoire des mêmes hôpitaux, 1904.
Interne titulaire (années 1905-06-07).
Interne de la clinique des maladies des enfants (Pr Baumel) (2 semestres).
Chargé des consultations gratuites des maladies des enfants de l'hôpital général de Montpellier (depuis 1907).

III. — Titres honorifiques.

Membre de la Société des sciences médicales de Montpellier (depuis 1904).
Secrétaire de la même Société (depuis 1908).
Secrét^e fondat. de l'Œuvre des enfants à la montagne de Montpellier.
Membre du bureau de la Ligue d'hygiène sociale, et de la Ligue contre la mortalité infantile. Section de l'Hérault.
Secrétaire de la Commission du lait de cette ligue.
Membre correspondant et lauréat de la Société d'hygiène de l'enfance :
Médaille de vermeil concours 1908.
Membre correspondant de la Société de pédiatrie de Paris.
Membre titulaire de la Société de médecine publique et de génie sanitaire de Paris.
Secrét^e de la rédact. des *Annales de médecine et de chirurgie infantiles* (depuis 1908).

TRAVAUX SCIENTIFIQUES

I. — ENSEIGNEMENT.

Officiel :

A l'hôpital, comme chef de clinique médicale :

Consultations gratuites des maladies des enfants, années 1907-08-09-10.
Conférences et exercices pratiques de diagnostic aux stagiaires de la Clinique des maladies des enfants ;
Contre-visites et leçons cliniques ;
Intérims du service de la Clinique pendant les vacances.

A la Faculté, comme préparateur d'hygiène :

Préparation du cours du professeur.
Conférences, démonstrations et exercices pratiques d'hygiène aux étudiants en médecine de 4e année.

Bénévole :

Direction d'une conférence privée de préparation à l'externat et à l'internat des hôpitaux de Montpellier, depuis 1907.

II. — PUBLICATIONS.

Elles portent avant tout d'une part sur la *physiologie et la pathologie de l'enfance* ; d'autre part sur diverses questions d'*hygiène publique*. Mais pour mettre plus d'ordre et de clarté dans leur exposé, nous les avons classées en plusieurs grands chapitres en les groupant autant qu'il nous a été possible suivant leurs affinités naturelles. En voici d'ailleurs la liste générale.

I. — PUBLICATIONS DE MÉDECINE GÉNÉRALE ET SPÉCIALE

A) ÉTUDES ANATOMOCLINIQUES

Recherches sur l'hérédosyphilis.

1. Recherches sur l'évolution anatomique et clinique de certaines manifestations hérédosyphilitiques. (*Thèse de doctorat*, Montp., 1907. Prix Fontaine, 1908.)

2. Un cas d'hydrocéphalie congénitale par syphilose vraie, *Soc. des Sc. méd. Montp.*, 3 mai 1907.
3. Foie silex dans l'hérédosyphilis, *Ibid.*, 5 mars 1909.
4. Hérédosyphilis à manifestations cutanées et viscérales multiples chez un nourrisson né d'une mère en apparence saine et allaité par elle, *Bulletin de la Soc. de péd. de Paris*, mai 1909.
5. Onyxis hérédosyphilitique, *Soc. des Sc. méd. Montp.*, 2 avril 1909, et *Province médicale*, juin 1909.
6. Rash morbilliforme au cours de la vaccine chez un hérédospécifique, *Soc. des Sc. méd. Montp.*, 30 avril 1909.
7. Dystrophies multiples chez un hérédosyphilitique de seconde génération, *Ibid.*, 6 janv. 1910.
8. Les insuffisances viscérales latentes de l'hérédosyphilis, *Ibid.*, 19 mars 1909, et *Ann. de méd. et chir. inf.*, juillet 1910.

ÉTUDES SUR LA TUBERCULOSE.

9. Contribution à l'étude des cavernes tuberculeuses chez l'enfant. *Soc. des Sc. méd. Montp.*, 7 juin 1907.
10. Tuberculose caverneuse précoce, *Gaz. des Hôp.*, 30 mai 1908.
11. La tuberculose pulmonaire caverneuse chez l'enfant (avec le Dr BRUNEL), *Ann. de méd. et chir. inf.*, 15 mai, 1er et 15 juin, 1er juillet 1909.
12. Les hémoptysies chez l'enfant, *Soc. des Sc. méd. Montp.*, 21 mai 1909.
13. L'oculo-réaction de Calmette chez l'enfant (avec le Dr LEENHARDT), *Montp. méd.*, 19 juillet 1908.
14. Les adénopathies trachéo-bronchiques chez l'enfant. Procédés récents de diagnostic étiologique, *Thèses des Drs Mascré et Duval*, Montp., 1909-1910.

RECHERCHES ANATOMO-CLINIQUES SUR QUELQUES MALADIES DU SYSTÈME NERVEUX.

15. Un cas complexe de contracture généralisée congénitale, *Soc. des Sc. méd. Montp.*, 10 mai 1907.
16. Maladie de Little et diplégies cérébrales; Quadriplégie infantile et athétose. *Ann. de méd. et chir. inf.*, août 1907.
17. Un cas de tumeur du cervelet avec autopsie, *Ann. de méd. et de chir. inf.*, janv. 1907.
18. Un nouveau cas de tumeur du cervelet, *Soc. des Sc. méd. Montp.*, 12 fév. 1909, et *Ann. de méd. et chir. inf.*, mars 1909.

19. Etude anatomique de 2 gliomes du cervelet (avec le Dr Bosc), *Montp. méd.*, sept. 1909.
20. Un cas de paralysie radiculaire du plexus brachial (avec le Dr Leenhardt), *Soc. des Sc. méd. Montp.*, avril 1908, et *Montp. méd.*, juillet 1908.
21. Un cas de myopathie à forme pseudohypertrophique, *Soc. des Sc. méd. Montp.*, 15 janv. 1909.
22. Un cas de paraplégie blennorragique (avec le Dr Gaussel), *Ibid.*, 12 déc. 1905.
23. Contribution pathogénique à l'étude de la tétanie d'origine gastro-intestinale chez l'enfant, *Ann. de méd. et chir. inf.*, 15 nov. 1908.
24. Un cas de chorée chronique à type électrique chez l'enfant. Obs. *in* Baumel, *Journ. des Prat.*, 1908.
25. Un cas de paralysie vocale chronique d'origine diphtérique, *Soc des Sc. méd. Montp.*, 12 fév. 1909.
26. Association hystéro-organique chez l'enfant (avec le Dr Bousquet), *Ann. de méd. et chir. inf.*, janv. 1907.
27. L'hystérie convulsive chez les jeunes (avec M. Carrieu), *Soc. des Sc. méd. Montp.*, 30 juin 1908.
28. Un cas de contracture névrosique chez l'enfant (avec le Dr Leenhardt), *Ibid.*, 23 déc. 1908.
29. Guérison rapide d'un tic ancien chez l'enfant, *Ibid.*, 29 janv. 1909.
30. La toux aboyante chez l'enfant. Obs. *in* Baumel, *Journ. des Prat.*, 1909.
31. Contribution à l'étude de l'émotivité morbide chez l'enfant ; *Soc. des Sc. méd. Montp.*, 31 mai 1907.

Travaux sur l'examen physico-chimique du liquide céphalo-rachidien. Recherches sur la méningite tuberculeuse et les méningites cérébro-spinales a diplocoques.

32. Analyse du liquide céphalo-rachidien dans un cas d'hydrocéphalie consécutive à un gliome du cervelet (avec le Dr Mestrezat), *C. R. de la Soc. biol.* Paris, 15 fév. 1909.
33. Présence de nitrates et de nitrites dans le liquide céphalo-rachidien. Perméabilité méningée aux nitrates, *Ibid.*, 15 mars 1909.
34. De l'élimination des nitrates par les diverses glandes de l'organisme dans ses rapports avec la perméabilité méningée à ces sels, *Montp. méd.*, août 1909.
35. Exagération de la perméabilité méningée aux nitrates. Diagnostic de la méningite tuberculeuse, *C. R. Soc. biol.*, 27 mars 1909.

36. Analyses du liquide céphalo-rachidien dans la méningite tuberculeuse, *Ibid.*, 26 juin 1909.
37. Le liquide céphalo-rachidien dans la méningite tuberculeuse. Etude chimique, *Rev de Neur.*, 30 juin 1909.
38. Un cas de méningite tuberculeuse ayant débuté par une cécité passagère, *Soc. des Sc. méd. Montp.*, 5 mars 1909.
39. Rétention d'urine au cours d'une méningite tuberculeuse cérébro-spinale, *Ibid.*, 2 avril 1909.
40. Etude critique sur les formes anormales de la méningite tuberculeuse chez l'enfant, *Ann. de méd. et chir. inf.*, mai 1909.
41. Quelques recherches sur un cas de méningite cérébro-spinale avec méningococcémie, *Ibid.*, 15 oct. 1909 et *C. R. Soc. biol.*, 1er août 1909.
42. Pneumococcie méningée sans réaction leucocytaire et quadriplégie flasque du type de la paralysie infantile, *Ann. de méd. et chir. inf.*, 15 fév. 1910.
43. Réaction méningée au cours d'une infection indéterminée chez l'enfant, *Soc. des Sc. méd. Montp.*, 5 mars 1909.
44. Méningites vraies ou complètes. Méningites incomplètes, *Montp. méd.*, sept. 1909.
45. Quelques considérations de pathologie générale sur les méningites chez l'enfant, *Note au Congrès de l'Assoc. française de pédiatrie*, juillet 1910.

Etudes sur diverses maladies ou divers syndromes morbides chez l'enfant.

46. Un cas de colite pure, *Arch. de méd. des Enfants*, fév. 1908.
47. La constipation chez les nourrissons. Etude physio-pathologique, *Ann. de méd. et chir. inf.*, 1er avril 1908.
48. Classification étio-pathogénique des constipations chez l'enfant, *Arch. de méd. des Enf.*, juillet 1909.
49. Existe-t-il une maladie de Hirschsprung? *Ibid.*, nov. 1908.
50. Gastro-entérites et toxi-infections digestives, *Ann. de méd. et chir. inf.*, janv. 1909.
51. Sur un nouveau mode d'administration de l'eau de mer dans les gastro-entérites infantiles, *Ibid.*, janv. 1909.
52. La bronchite fétide simple non gangreneuse chez l'enfant, *Ann. de méd. et chir. inf.*, 1er janv. 1908.
53. Pneumonie récidivée chez l'enfant, *Soc. des Sc. méd. Montp.*, 26 mars 1909.
54. Pleurésie séro-fibrineuse simple chez l'enfant (avec le Dr Maillet), *Ibid.*, avril 1910.

55. L'ascaridiose chez l'enfant, *Ibid.*, juillet 1909.
56. La rétention d'urine dans la fièvre typhoïde chez l'enfant, *Ann. de méd. et chir. inf.*, 15 juillet 1908.
57. Péritonite par perforation intestinale dans un cas de dothiénentérie d'allure bénigne chez l'enfant, *Soc. des Sc. méd. Montp.*, 21 mai 1909.
58. Les applications continues de glace sur l'abdomen dans le traitement de la fièvre typhoïde chez l'enfant, *Quinz. thérapeut.*, août 1908.
59. Les polyuries insipides. Essai de classification pathogénique, (avec le Dr Delmas), *Montp. méd.*, nov. 1907.
    Des polyuries. Revue générale, *Arch. gén. de méd.*, déc. 1907.
60. Un cas d'hémophilie grave chez l'enfant. Traitement par le sérum antidiphtérique. Amélioration durable, *Soc. des Sc. méd. Montp.*, 5 fév. 1909.
61. Un cas d'inanition chez l'enfant, *in* Baumel, Leçons cliniques, *Montp. méd.*, fév. 1908.
62. Septicémie mortelle au cours d'un eczéma chez l'enfant, *Soc. des Sc. méd. Montp.*, 19 fév. 1909.
63. L'érysipèle complication d'un eczéma de la face chez l'enfant, *Ibid.*, juin 1909.
64. Pemphigus bénin non spécifique chez un enfant de quatre ans, (avec les Drs Dunal et Rémusat), *Ibid.*, 25 juin 1909.
65. Un cas de kératose symétrique familiale, *Ibid.*, 25 juin 1909.
66. Un cas de dystrophie dentaire familiale, *Ibid.*, 25 juin 1909.
67. Un cas d'infantilisme type Lorain, *Ibid.*, juin 1909.
68. Thorax en entonnoir chez l'enfant, *Ibid.*, 4 mai 1909.
69. Les grosses hernies inguinales et ombilicales chez l'enfant, *Ann. de méd. et de chir. inf.*, 1er oct. 1908.
70. Pratique courante des maladies des enfants, in-8° 300 p.
    A paraître prochainement chez Vigot, éditeurs.

B) ÉTUDES DE PHYSIOPATHOLOGIE DE MÉDECINE EXPÉRIMENTALE

71. Essai sur l'évolution du poids et de la taille chez l'enfant, *Ann. de méd. et de chir. inf.*, 15 janv. 1909.
72. Le coefficient de robusticité chez l'enfant. A paraître in *Ann. de méd. et chir. inf.*, juillet 1910.
73. Contribution à l'étude de la respiration chez l'enfant. Renseignements fournis par la pneumographie, *Ann. de méd. et chir. inf.*, 15 mai 1908.

74. Contribution à l'étude de l'association pathologique de certains centres bulbaires (avec le Dr Fleig), *Soc des sc. méd. Montp.*, janv. 1907, et *Journ. de phys. et path. gén.*, mai 1907.

75. Les variations de la température chez l'enfant. Etude expérimentale (avec le Dr Lassablière). A paraître in *Ann. de méd. et chir. inf.*, juillet 1910. — Rougon, *thèse Montpellier*, mars 1910.

76. La tension artérielle normale chez l'enfant, *Ann. de méd. et chir. inf.*, juillet 1908.

77. L'élimination rénale provoquée chez l'enfant, *Ibid.*, juin 1909.

78. Quelques considérations pratiques sur l'allaitement artificiel, *Ibid.*, 15 avril 1909.

79. Recherches sur l'élimination des nitrates (voir nos 33 et 34) et sur la perméabilité des séreuses en général, *Soc. des Sc. méd. Montp.*, 7 mai 1909.

80. Etude physio-pathologique de la constipation chez les nourrissons (voir no 47), *Ann. de méd. et chir. inf.*, 1er avril 1908.

80 *bis*. Un cas d'hémoglobinurie paroxystique chez l'enfant (avec MM. Lagriffoul et Derrien), *Soc. des Sc. méd. Montp.*, 2 juillet 1909.

II. — PUBLICATIONS D'HYGIÈNE PUBLIQUE.

A) ETUDES SUR LES LAITS DE CONSOMMATION

Le problème de la question du lait en général

81. Comment peut-on, dans une ville, réaliser d'une façon pratique l'inspection régulière des laits de consommation ? *Journ. des Prat.*, 20 oct. 1908.

82. Procédé pratique pour déterminer le degré d'altération d'un lait. Essai au bleu de méthylène (avec le Pr Bertin-Sans) ; *Rev. d'hyg. et de pol. sanit.*, août 1909, et *Soc. des Sc. méd. Monpl.*, déc. 1909.

La question du lait a Montpellier.

83. Contrôle officieux du lait livré à Montpellier par les laitiers syndiqués en 1908, *Montp. méd.*, mai 1909, et *Bull. de pharm. du Sud-Est*, mai 1909.

Même publication pour 1909, *Montp. méd.*, avril 1910.

84. Etude des laits de dépôt de la ville de Montpellier (avec le Dr Ros), *Soc. des Sc. méd Montp.*, juin 1908.

Nouvelle étude en 1909 (en collab. avec le Pr H. Bertin-Sans), *Montp. méd.*, mai 1909.

B) ÉTUDES GÉNÉRALES SUR LES VIANDES DE BOUCHERIE ET DE CHARCUTERIE DANS LES GRANDES VILLES

85. Contribution à l'étude de la nocuité des viandes tuberculeuses dans l'alimentation humaine, *Rev. d'Hyg.*, avr. 1909.
86. Contribution à l'étude de la fraude sur la nature animale des viandes de boucherie, *Hygiène de la viande et du lait.* 2 mémoires : fév. et mars 1909 ; janv. et fév. 1910.

C) TRAVAUX DE DÉMOGRAPHIE ET DE PUÉRICULTURE

87. Quelques faits démontrant l'urgence de la lutte contre la mortalité infantile en France (avec le Dr Périer), *Ann. de méd. et chir. inf.*, déc. 1909.
88. Quelques considérations sur la mortalité infantile à Montpellier pendant le décennaire 1899-1908, *Montp. méd.*, mai et juin 1909.
89. Principes modernes de puériculture, in-8o 200 p. (avec le Dr Périer). A paraître prochainement chez Vigot frères, édit.
90. L'internat scolaire. Ses avantages. Ses inconvénients. Essai d'étude sociale, *Concours 1908 de la Soc. d'hygiène de l'enfance.*

III. — VARIA

Quelques réflexions sur l'Œuvre des enfants à la montagne de Saint-Etienne, *Compte rendu*, année 1902.

Compte rendu de l'année 1906 à la clinique des Maladies des enfants de Montpellier (avec le Dr Bousquet), *Nouv. Montp. méd.*, janv. 1907.

Leçons cliniques du Pr Baumel, recueillies par nous et publiées in *Nouv. Montp. méd.*, 1907, *Ann. de méd. et chir. inf.*, 1908, *Journ. des prat.*, 1908, et *Péd. prat.*, 1908.

Bulletin des Comptes rendus de la Soc. des Sc. méd. de Montp. Année 1908-09, en collab. avec Pezet, 1 vol., 300 p.
Année 1909-10, en collab. avec Roger, en c. de public. *Montp. méd.*

Luxation du pied par rotation en dedans (avec P. Delmas), *Archiv. provinc. de chir.*, déc. 1906.

La suppuration des fibromes (avec Delage), *Gaz. des Hôp.*, mai 1907.

Contribution à diverses thèses de doctorat pour lesquelles nous avons fourni des observations et des documents divers.

Analyses de mémoires et de thèses dans diverses revues ou publications françaises.

PUBLICATIONS

DE

MÉDECINE GÉNÉRALE ET SPÉCIALE [1]

Avant d'entreprendre l'exposé systématique des plus importantes de nos publications de clinique générale ou spéciale, il est bon, croyons-nous, d'en souligner ici quelques-unes des idées directrices.

Un des maîtres le plus justement appréciés de ses élèves déclare souvent dans ses causeries familières à l'hôpital, que si la séméiotique paraît, à l'heure actuelle, suffisamment bien armée, *nous ne possédons encore pas assez de renseignements de valeur pronostique* permettant de prévoir l'évolution clinique des maladies, surtout des maladies chroniques.

Le mot de Trousseau reste vrai et s'applique à bien d'autres syndromes que l'ictère : « On sait de quelle façon en commence l'évolution, on ignore comment elle finira. »

Combler une telle lacune nous paraît être aujourd'hui l'une des grandes préoccupations des cliniciens, et c'est d'ailleurs de ce point de vue que jaillit en grande partie, nous semble-t-il, l'intérêt des recherches modernes sur les insuffisances mono ou polyglandulaires, sur l'hérédité hépatique, la débilité rénale, sur les divers états de méiopragie viscérale fonctionnelle.

Dans le même sens ont été orientés la plupart de nos travaux.

a) De nos recherches systématiques sur la syphilis héréditaire nous croyons voir déjà se dégager la notion très nette de la *valeur*

---

(1) Pour les publications non analysées, voir références dans la liste générale qui précède.

pronostique des insuffisances viscérales latentes dans l'évolution d'une hérédosyphilis.

b) En matière de tuberculose infantile, la notion du terrain morbide et des prédispositions ou tares organiques nous semble de même devoir gouverner pour ainsi dire l'évolution anatomo-clinique. *Chez l'enfant, la résistance à l'infection tuberculeuse dépend en grande partie des ressources viscérales fonctionnelles de défense.*

c) Nos recherches sur la chimie du liquide céphalo-rachidien ont vite démontré que les cliniciens ne devraient plus aujourd'hui se contenter de l'examen cytologique ou bactériologique de cette humeur. Depuis nos premiers travaux faits en collaboration avec Mestrezat, poursuivant avec d'autres collaborateurs des recherches systématiques sur les variations des formules chimiques du liquide céphalo-rachidien dans divers états pathologiques, cet auteur a pu arriver à donner une véritable chimie du liquide céphalo-rachidien. Mais quelque sensibles que soient les différences quantitatives des divers composants chimiques d'un liquide céphalo-rachidien, l'intérêt de notre étude nous apparaît surtout grand au point de vue du *diagnostic* et du *pronostic des réactions méningées*, ce dernier terme étant pris dans son acception la plus large, la plus vraie.

Les cliniciens, d'une part, ne sauraient en effet méconnaître la valeur pratique de l'analyse chimique du liquide céphalo-rachidien pour la détermination des deux groupes nosologiques fondamentaux désignés par nous sous les termes de *méningites complètes* à évolution grave et de *méningites incomplètes* souvent curables.

La pathologie générale, d'autre part, ne peut qu'enregistrer avec intérêt les conclusions du laboratoire quand celui-ci vient confirmer par des faits indiscutables la conception ancienne des méningites séreuses et du méningisme régulièrement unis, par de nombreux termes de transition, avec les méningites vraies totales à réaction complète (1).

(1) Etant donnée l'orientation de nos recherches, nous avons été très inté-

Nous plaçant à un point de vue analogue, mais celui-là purement théorique, nous avons adopté, en matière de pathologie nerveuse, la conception récente de *l'unicité réactionnelle de l'axe cérébro-spinal*. Celui-ci nous paraît, suivant les idées modernes, ne constituer qu'un seul organe obéissant aux lois de la pathologie générale. Pour rester encore imprécis dans leur nature et leurs résultats, les grands processus morbides de l'axe cérébro-spinal sont démontrés en clinique par l'observation des termes de passage innombrables réunissant le sujet normal et le sujet pathologique, l'homme sain au malade cérébro-spinal. La clinique infantile constitue un champ d'études remarquable à ce dernier point de vue.

Recherches sur l'hérédosyphilis

1. — **Contribution à l'étude de l'hérédosyphylis considérée surtout dans son évolution anatomique et clinique.** *Thèse Montpellier*, mars 1907. Prix Fontaine 1908.

Il nous a paru qu'il y avait encore, dans l'histoire de la syphilis héréditaire, une lacune regrettable, et c'est pour essayer de la combler que, par une étude à la fois anatomique et clinique, nous avons essayé de préciser l'évolution des symptomes et des lésions de l'hérédosyphilis viscérale et cutanéo-muqueuse.

Bien que nous ayons adressé un questionnaire aux pédiatres et syphiligraphes les plus connus, la plupart de leurs réponses n'ont pu nous servir de vrais documents, et il a fallu nous con-

ressé par la lecture d'un article du professeur Weill, de Lyon, paru dans le dernier n° des *Archives de médecine des Enfants* (juin 1910).

Recherchant, comme nous, pour la pratique, des éléments de valeur pronostique dans l'étude du liquide céphalo-rachidien, MM. Weill et Policard signalent l'intérêt des colorations vitales au rouge neutre. La numération journalière des leucocytes à noyau coloré permettrait de se rendre compte des variations de la résistance leucocytaire et, par conséquent, fournit un nouvel élément pronostique de grande valeur. Il y aura lieu de rechercher quels rapports unissent les divers facteurs pronostiques dans les méningites.

tenter, pour asseoir notre étude : 1° de quelques observations personnelles recueillies au cours de notre internat, dans le service de notre maître le Pr Baumel ; 2° de quelques pièces anatomiques prélevées sur des fœtus et des enfants morts à la maternité ou à la clinique des maladies des enfants de Montpellier.

D'après ces données, insuffisantes sans doute pour déterminer un jugement absolu et trop généralisateur, nous nous sommes pourtant cru autorisé à tirer de nos recherches certaines conclusions :

1° Que la syphilis héréditaire explique et réalise certains points obscurs de la syphilis de l'adulte en prouvant :

a) L'unité absolue des lésions syphilitiques des divers âges (secondaire et tertiaire) qu'elle montre souvent unies chez un même sujet ;

b) En soulignant la fréquence et indiquant la constitution de lésions éruptives syphilitiques des parenchymes glandulaires et viscéraux ; ces lésions sont rares et assez mal connues dans la syphilis de l'adulte.

2° Au point de vue même de la syphilis héréditaire, il nous semble qu'on peut conclure de notre étude :

a) Que s'il existe des syphilis héréditaires graves et des syphilis héréditaires bénignes, *le caractère de gravité est le plus souvent en rapport avec les données étiologiques* (hérédité paternelle, maternelle ou double, syphilis des parents ancienne ou récente, traitée ou non) ;

b) Partant de ce fait que le groupement des symptômes de la syphilis héréditaire et leur évolution même, bien que variables, sont subordonnés à certaines règles, nous essayons d'en démontrer la raison d'être. Elle se trouve pour nous dans l'étude des lésions microscopiques, de leur mode de production, de leur apparition, de leur répartition, de leur évolution (1).

(1) D'après les préparations ici reproduites, nous croyons suffisamment souligner les variations d'intensité de l'invasion tréponémique dans *le foie et la rate* hérédosyphilitiques.

*
* *

L'anatomie pathologique est donc ainsi venue nous donner la clef du problème clinique. Comme le disait Cornil, « exposer

Fig. 1. — Coupe de foie renfermant des tréponèmes disséminés.

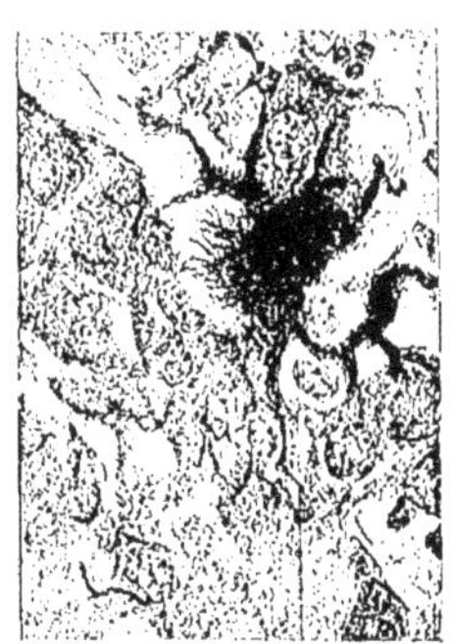

Fig. 2. — Espace hépatique interlobulaire renfermant une véritable colonie de tréponèmes.

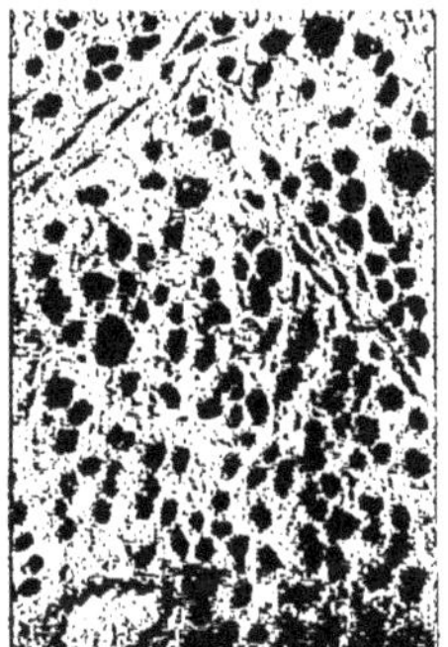

Fig. 3. — Rate hérédosyphilitique à tréponèmes disséminés.

l'anatomie pathologique éclairée par l'histologie (1), donner l'évolution complète des lésions, ce n'est pas compliquer la pathologie,

(1) *Leçons sur la syphilis*, p. 9.

c'est au contraire la simplifier » et, ajouterons-nous, dans une certaine mesure, l'expliquer.

2. — **Un nouveau cas d'hydrocéphalie congénitale par syphilose vraie**. *Société des Sciences médicales de Montpellier*, 3 mai 1907.

Il s'agit d'un cas d'hydrocéphalie aiguë à prédominance nettement ventriculaire, dont l'autopsie seule a pu démontrer la nature syphilitique. Cette observation est intéressante :

a) *Au point de vue clinique :*

Non seulement cette syphilis héréditaire s'était manifestée uniquement par des lésions viscérales, mais encore l'hydrocéphalie fut dans ce cas la première manifestation apparente d'une hérédosyphilis pourtant grave, comme le démontra l'étude des lésions des viscères abdominaux.

Sans s'être accompagnée de fièvre ni de convulsions, ce qui excluait cliniquement l'idée de méningite suppurée, l'hydrocéphalie a abouti chez notre malade à une mort subite.

b) *Au point de vue anatomique :*

Il est incontestable qu'il s'agit ici d'une *hydrocéphalie congénitale* non seulement d'origine, *mais de nature syphilitique*. L'examen anatomique très complet, pratiqué par M. le professeur Bosc, démontre avec netteté au niveau de l'épendyme le processus typique d'endopériartérite syphilitique.

Cette observation vient donc s'ajouter aux faits de cet ordre, d'ailleurs peu nombreux, publiés par von Bœrensprung, Sandoz et d'Astros. Elle établit nettement l'existence, à côté d'un premier groupe de faits dans lesquels l'hydrocéphalie d'origine syphilitique résulte de l'influence dégénérative et dystrophique de la syphilis, d'un second groupe dans lequel l'hydrocéphalie congénitale de nature syphilitique est déterminée par des lésions spécifiquement syphilitiques.

A côté de l'hydrocéphalie par hérédité syphilitique, il y a l'hydrocéphalie par syphilis héréditaire.

3. — **Foie silex dans l'hérédosyphilis** (en collaboration avec MM. Bosc et Broneil). *Société des Sciences médicales de Montpellier*, 5 mars 1909. Présentation de pièces anatomiques.

L'aspect macroscopique du foie est tout à fait schématique. Mais si l'examen microscopique démontre la disparition presque totale des cellules hépatiques dans les zones atteintes de sclérose,

et si la nature des multiples lésions observées dans les divers viscères de ce jeune syphilitique ne fait aucun doute, nous n'avons pourtant trouvé de spirochètes sur aucune des préparations.

Il s'agit là de lésions anciennes à sclérose très marquée.

4. — **Hérédosyphilis à manifestations cutanées et viscérales multiples chez un nourrisson né d'une mère en apparence saine et allaité par elle**. *Bulletin de la Société de pédiatrie de Paris*, mai 1909.

L'observation qui est rapportée dans cette étude est intéressante à divers points de vue. Elle est un exemple de la classique

BIBLIOTHÈQUE NATIONALE IMPRIMÉS

loi de Colles, puisque la mère de ce nourrisson, à coup sûr contagieux, n'a présenté aucun accident ni ancien ni récent de nature spécifique.

Mais nous soulignons surtout dans notre étude les constatations anatomiques de la nécropsie qui a démontré des lésions typiques, du foie et de la rate, une altération avancée des surrénales (Triboulet, Haushalter) et une hypertrophie remarquable du pylore ; l'origine syphilitique de cette dernière est ici possible sans pouvoir être affirmée.

5. — **Onyxis hérédosyphilitique.** Présentation de malade à la Société des Sc. médic. Montp., 2 avril 1909. *Province médicale*, juin 1909 ; *Annales de médecine et chirurgie infantiles*, octobre 1909.

A propos de l'observation d'un petit malade de la clinique du Pr Baumel, nous discutons divers points classiques de l'histoire de l'hérédosyphilis, en particulier le précepte d'après lequel en présence d'un nourrisson simplement suspect d'hérédospécificité qui ne prospère pas, il est de règle aujourd'hui de ne plus attendre les manifestations cutanéo-muqueuses pour instituer le traitement anti-syphilitique.

7. — **Dystrophies multiples chez un hérédosyphilitique de seconde génération** (en collaboration avec Mancilhon). *Société des Sciences médicales de Montpellier*, 6 janvier 1910.

Il est classique de dire que la syphilis héréditaire ne borne pas ses ravages aux enfants nés de parents syphilitiques ; elle peut atteindre les enfants de ceux-ci, et l'hérédosyphilis de seconde génération n'est plus contestée à l'heure actuelle.

L'observation que nous rapportons est cependant intéressante à noter à cause de l'absence apparente de la plupart des signes habituels de l'hérédosyphilis chez le père comme chez la mère de notre petit malade, pourtant lui-même porteur de dystrophies spécifiques multiples bien vraisemblablement hérédosyphilitiques (dystrophies dentaires et craniennes, kératite parenchymateuse, onyxis, tibias en lame de sabre).

La syphilis initiale se trouve chez la grand'mère maternelle de l'enfant et l'hérédosyphilis apparaît à peine latente chez la mère (Argyll Robertson, dystrophies dentaires).

Cette observation constitue une preuve nouvelle de cette vérité aujourd'hui classique que les dystrophies héréditaires ne le sont pas en tant que dystrophies.

Après quelques exemples du même ordre relevés dans la littérature classique, nous constatons qu'étant donné un sujet affecté d'une dystrophie, d'une malformation, il ne faut pas rechercher seulement l'origine de tels phénomènes dans la première lignée des ascendants, mais remonter plus haut et la rechercher sur des ascendants plus éloignés.

Au point de vue thérapeutique découle de tous ces faits toute une série d'indications soit curatives, soit préventives, qu'Edmond Fournier a énoncées depuis déjà longtemps sous forme de lois et que nous rappelons.

8. — **Les insuffisances viscérales latentes dans l'hérédosyphilis**. *Société des Sc. médic. Montp.*, 19 mars 1909. *Annales de medecine et chirurgie infantiles*, juillet 1910.

L'intérêt de cette question avait été entrevu et fixé par nous en 1907 dans notre thèse de doctorat.

En 1909 nous communiquions à la Société des sciences médicales de Montpellier une note préliminaire annonçant les résultats de recherches en cours sur l'application à l'étude de l'hérédosyphilis des procédés modernes d'exploration viscérale chez l'enfant.

Nous appuyant sur deux observations typiques, nous déclarons indispensable de déterminer, au cours de l'examen de tout hérédosyphilitique, l'état fonctionnel des viscères par la recherche des divers signes de leur insuffisance.

A cause de l'intérêt clinique et de l'importance pronostique que nous ont paru présenter nos premiers résultats, nous avons voulu recueillir d'autres documents avant de publier nos recherches *in extenso*.

Depuis 1909 quatre observations nouvelles attentivement suivies permettent de souligner nos premières conclusions.

Sur les 6 hérédosyphilitiques examinés par nous, 4 présentaient à l'exploration systématique des *modifications fonctionnelles rénales, pancréatiques ou hépatiques* graves. Malgré le traitement iodo-mercuriel systématiquement conduit et appliqué, ces 4 enfants ont succombé à l'évolution de leur syphilis ou à une maladie intercurrente ou d'apparence bénigne (bronchite légère dans un cas). Les 2 autres petits hérédosyphilitiques examinés, malgré des manifestations cutanéo-muqueuses aussi nettes que chez les précédents, avaient un fonctionnement rénal, pancréatique, hépatique, presque normal. Bien traités, ils ont résisté à l'évolution de leur syphilis héréditaire et sont aujourd'hui en bon état apparent.

Études sur la tuberculose.

9 — **Contribution à l'étude des cavernes tuberculeuses chez l'enfant**. *Société des Sciences médicales de Montpellier*, 7 juin 1907.

10. — **Tuberculose caverneuse précoce**. *Gazette des hôpitaux*, 30 mai 1908.

Il s'agit d'une enfant morte à l'âge de 4 ans et qui, née de parents morts depuis tuberculeux, présenta dès l'âge de un an et demi des signes indiscutables de tuberculose pulmonaire. Six mois après, à l'âge de 2 ans, l'auscultation révélait chez cette enfant une fonte tuberculeuse évidente du sommet gauche..

La mort ne survint pourtant que 2 ans après, et l'autopsie démontra que les 2 poumons présentaient des lésions tuberculeuses avancées ; en particulier le poumon droit est creusé de plusieurs cavernes dont la plus grande, située au sommet, a les dimensions d'une noix. Mais, fait intéressant : les lésions sont entourées par un tissu fibreux aussi abondant qu'on le rencontre dans les plus typiques manifestations de la tuberculose pulmonaire de l'adulte.

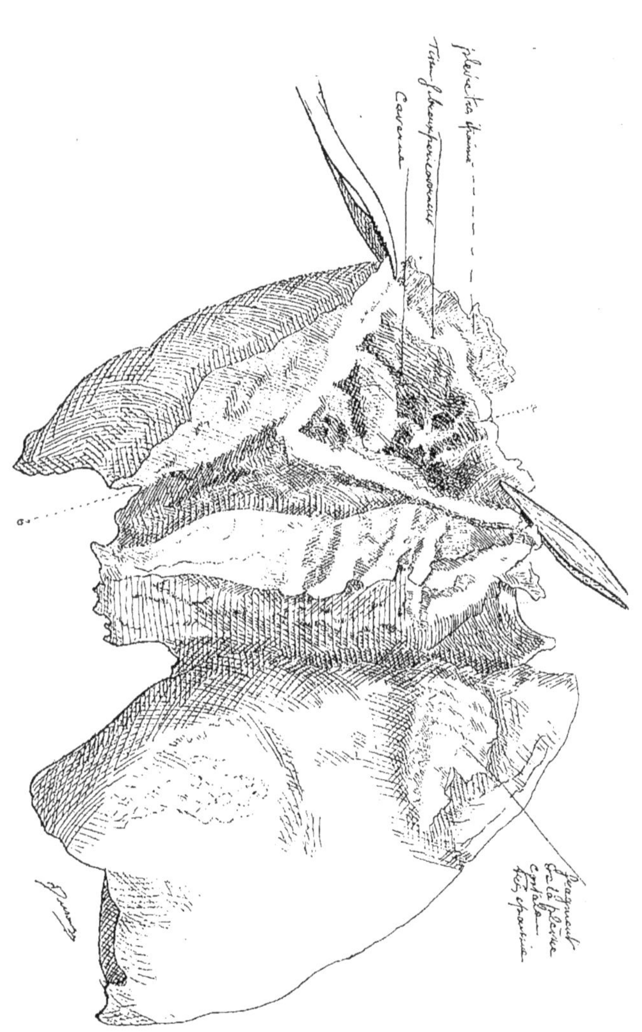
Caverne

De plus, dans la caverne on aperçoit sans peine un gros vaisseau oblitéré à paroi très épaissie.

Dans nos 2 publications nous rappelons, sous forme de courtes notes, que si les caractères évolutifs habituels de la tuberculose pulmonaire chez l'enfant en font une maladie à marche rapide, il est possible de voir un enfant, placé dans des conditions d'hygiène suffisantes, réaliser en somme le type caverneux de l'adulte au même titre que les formes granulique, pneumonique et broncho-pneumonique.

11. — **La tuberculose pulmonaire caverneuse chez l'enfant.** Revue générale. Etude critique. (Avec M. Brunel.) *Annales de médecine et chirurgie infantiles*, 15 mai, 1er et 15 juin, 1er juillet 1909, 45 pages.

Après quelques considérations générales sur la fréquence relative et les caractères particuliers de la bacillose chez l'enfant, nous montrons le désaccord qui existe encore à l'heure actuelle au sujet de la question particulière des cavernes pulmonaires tuberculeuses.

Dans notre étude, basée sur 50 observations, nous essayons de fixer successivement : 1° la fréquence de la tuberculose pulmonaire caverneuse chez l'enfant ; 2° ses conditions déterminantes anatomiques et cliniques.

Il existe chez l'enfant *3 variétés anatomiques et cliniques de cavernes parenchymateuses* :

1° Celles de la pneumonie caséeuse ;

2° Celles de la broncho-pneumonie tuberculeuse rapide, avec ou sans généralisation granulique ;

3° Celles de la broncho-pneumonie tuberculeuse localisée, à évolution lente et avec tendance à la sclérose périnodulaire.

Les deux premières variétés, sans réaction scléreuse périphérique, évoluent toujours en quelque sorte à vue d'œil ; le processus ulcéreux rapide aboutit, par fonte plus ou moins étendue, à la dissociation parenchymateuse.

La troisième variété, dans laquelle on note chez l'enfant la même tendance à la sclérose cicatricielle périphérique que chez l'adulte, a besoin, pour s'organiser, d'une évolution lésionnelle locale lente prolongée, avec ou sans rémission, mais à généralisation toujours tardive.

Ce fait, bien établi, appelle quelques précisions qui découlent très nettement de nos observations.

1° Dans les cas de localisation pulmonaire granulique, les cavernes pulmonaires ne s'observent, chez l'enfant comme chez l'adulte, que si la granulie poliviscérale a été précédée par une infection locale capable de déterminer des lésions importantes dans les poumons, ou si l'enfant succombe par exemple à une granulie à prédominance broncho-pulmonaire très nette et à évolution en somme prolongée.

2° Dans la tuberculose aiguë pneumonique ou broncho-pneumonique chez l'enfant, les cavernes pulmonaires sont fréquentes; elles se retrouvent même, toutes proportions gardées et pour la même forme clinique, beaucoup plus souvent chez l'enfant que chez l'adulte.

3° Dans ces trois cas (granulie pulmonaire subaiguë, pneumonie caséeuse et broncho-pneumonie bacillaire), contrairement à l'idée classique, nous pensons qu'il n'y a pas de différences au point de vue de la fréquence des cavernes tuberculeuses entre l'enfant jeune (première enfance) et l'enfant déjà âgé (deuxième et troisième enfance). Notre affirmation est d'accord avec celle de Leroux, qui de 0 à 2 ans relève 57 cas de cavernes pulmonaires, dont 24 observés dans la première année. Si l'on tient compte du fait que la tuberculose n'atteint en général l'enfant qu'après 3 ou 4 mois (statistiques de Comby, Hausbalter), on voit que le bacille de Koch fait autant de cavernes pulmonaires chez l'enfant tout jeune que chez le nourrisson déjà âgé. Les chiffres fournis par Rillet et Barthez concernant des enfants de 0 à 16 ans signalent d'ailleurs la même fréquence.

4° Le type anatomique de caverne pulmonaire ainsi réalisé est toujours la même perte de substance en plein parenchyme avec dissociation et fonte tissulaire. On ne note pas plus chez l'enfant que chez l'adulte (pour ces mêmes formes cliniques à marche rapide) de tendance à la sclérose péricaverneuse.

5° Que le bacille de Koch soit ou non capable de transformer à lui seul le poumon en un bloc d'hépatisation, et quel que soit le rôle de l'infection mixte dans la tuberculose pulmonaire chez l'enfant (Ortner Kossel), la tendance à la caséification dans la pneumonie caséeuse et la broncho-pneumonie bacillaire aboutit en somme fréquemment chez l'enfant à la formation de cavernes volumineuses sans transformation fibreuse périphérique. L'allure galopante du processus tuberculeux est avant tout responsable de cette absence de réaction fibreuse de défense.

6° *Les cavernes pulmonaires tuberculeuses à pourtour fibreux sont rares chez l'enfant, à cause même de la rareté de la tuberculose pulmonaire chronique chez les jeunes sujets ;* leur existence ne saurait pourtant aujourd'hui être mise en doute, même chez l'enfant jeune. Peut-être la défense fibreuse est-elle favorisée par la syphilis, qu'on trouve signalée dans certaines de nos observations.

Pour résumer en d'autres termes ces quelques notions générales sur la fréquence des cavernes pulmonaires tuberculeuses chez l'enfant et les conditions (tant anatomiques que cliniques) de leur production, nous dirons que :

L'enfant, rarement tuberculeux pulmonaire chronique, ne réalise des cavernes pulmonaires qu'en rapport avec l'évolution clinique même de ses lésions.

S'il est (c'est le cas exceptionnel) tuberculeux pulmonaire chronique, il se comportera comme un petit adulte et s'efforcera comme lui de réaliser une sclérose de défense autour même des nodules tuberculeux. La cicatrisation totale de cavernes pulmonaires tuberculeuses chez l'enfant ne saurait être mise en doute. Certaines de nos observations démontrent sans discussion la réalité et l'intensité possible d'un processus à tendances cicatricielles péricaverneuses, même chez l'enfant très jeune.

Si, au contraire (comme c'est le cas général), l'enfant est

atteint de broncho-pneumonie, de pneumonie bacillaire, s'il présente de la granulie à localisation pulmonaire et succombe vite comme c'est la règle, il n'est pas rare, dans ces conditions, d'observer encore une ou plusieurs cavernes d'ailleurs sans prédominance au sommet du poumon, et dont le siège est uniquement commandé par le lieu même de la fonte pulmonaire. Le ramollissement se fait au centre des noyaux de pneumonie ou broncho-pneumonie ; l'évolution rapide de la maladie rend impossible tout effort organique vers la cicatrisation.

C'est l'évolution clinique qui commande et explique la diversité des lésions anatomiques.

Toutes ces considérations, sans apporter encore de conclusions définitives à la question de la fréquence absolue des cavernes pulmonaires tuberculeuses chez l'enfant, imposent, croyons-nous, l'obligation d'une sévère critique dans les observations qui seront désormais publiées et dans les statistiques que l'on pourra dresser. L'enfant était-il depuis longtemps un bronchitique ? Était-il un tuberculeux pulmonaire ? A-t-il dû réagir localement à une tuberculose avant tout ou surtout pulmonaire ? Si oui, pourquoi le processus de défense ne se produirait-il pas le même que chez l'adulte ? Sinon, pourquoi vouloir demander à un poumon récemment atteint une réaction de défense qui exige longtemps pour s'établir ?

Le côté théorique de notre étude une fois traité, nous en abordons le problème séméiologique et, après une discussion méthodique des divers éléments du diagnostic, nous arrivons, semble-t-il, à des conclusions incontestablement cliniques :

a) La *bronchite tuberculeuse* a-t-elle présenté chez l'enfant déjà âgé une marche *chronique* que le médecin a régulièrement suivie?

Qu'il existe ou non une adénopathie trachéobronchique assez marquée, les *signes persistants* d'une caverne (gargouillement, respiration caverneuse, pectoriloquie) perçus au sommet du thorax, même sans grande modification de l'état général, indiqueront que la partie supérieure du poumon est creusée d'une excavation tuberculeuse. On n'aura qu'à éliminer, et le plus souvent sans grande difficulté, les diagnostics d'adénopathie trachéobronchique, de pneumonie chronique du sommet.

b) Au cours d'une *bronchite chronique* on perçoit au sommet ou en un point quelconque des poumons de la respiration simplement bronchique, de la broncho-phonie, des râles muqueux ; le diagnostic sera alors hésitant entre l'excavation et la pneumonie ou broncho-pneumonie tuberculeuses. Avant de porter une conclusion définitive, le médecin interrogera l'entourage de l'enfant sur les antécédents, la date exacte du début des accidents, et il surveillera quotidiennement l'évolution des phénomènes stéthoscopiques, la marche de la température et l'état du pouls.

Au bout de quelques jours seulement le diagnostic lésionnel ne fera plus de doutes.

c) La maladie a débuté d'une façon plus ou moins brusque, rappelant par sa marche une affection aiguë (cavernes broncho-pneumoniques granuliques). L'auscultation attentive des poumons fait percevoir, en tel ou tel point, des signes caverneux. Sans se hâter de conclure, le clinicien fera préciser l'état antérieur de l'enfant, éliminera le diagnostic de pneumonie ou broncho-pneumonie banales, de pleurésie et de pneumothorax par les symptômes correspondants. Limitant ainsi le problème, il ne conclura d'ailleurs qu'après avoir surveillé pendant quelques jours l'état de l'enfant, les modifications des signés stéthoscopiques.

Ajoutons toutefois que les cavernes pulmonaires sont relativement fréquentes chez l'enfant dans les broncho-pneumonies non tuberculeuses. Le diagnostic lésionnel sera fait dans ce cas de la même façon que s'il s'agissait de manifestations tuberculeuses.

d) Quoi qu'il en soit, surtout il est vrai, dans le cas de tuberculose à évolution chronique, à cause de l'existence incontestable, même chez l'enfant jeune, de cavernes pulmonaires à réaction fibreuse périphérique, le clinicien averti réservera toujours le pronostic, signalera à l'entourage la possibilité de rémissions prolongées. Il reconnaîtra toutefois l'extrême gravité de l'état de l'enfant, le danger même de mort subite par hémorragie intracaverneuse avec ou sans hémoptysie, fait dont plusieurs de nos observations font foi.

12. — **Les hémoptysies chez l'enfant** (en collaboration avec Madon). *Société des Sciences médicales de Montpellier,* 21 mai 1909.

Simple revue générale ; à l'occasion de deux faits cliniques personnels, nous rappelons les grandes causes d'hémoptysie chez l'enfant.

13. — **L'oculo-réaction de Calmette chez l'enfant** (avec M. Leenhardt. *Montpellier médical,* 19 juillet 1908.

Pendant l'été 1907, au moment où le procédé de l'oculo-réaction à ses débuts, jouissait d'une complète faveur, nous avons institué dans la clinique des maladies des enfants de Montpellier quelques recherches sur la valeur de ce procédé de « dépistage » de la tuberculose.

Notre statistique, bien que favorable, nous oblige à faire des réserves. L'oculo-réaction peut être utile dans les cas cliniquement douteux comme adjuvant de l'examen clinique consciencieux et complet.

Mais nous avons eu l'ennui d'observer des réactions conjonctivales intenses dans 3 cas.

Le procédé, chez l'enfant, malgré son intérêt n'est donc pas « absolument inoffensif ».

14. — **Les adénopathies trachéo-bronchiques chez l'enfant. Procédés récents de diagnostic étiologique.**

Les conclusions de nos recherches sur ce point sont exposées dans la thèse de notre élève et ami le Dr Mascré (Montpellier, 1909) et aussi dans la thèse de Mlle Duval (Montpellier, 1910).

La cuti et l'intradermoréaction à la tuberculine sont des procédés d'investigation très sensibles pour le diagnostic de la tuberculose.

Elles donnent lieu à une réaction locale sans gravité et ne

s'accompagnant pas de phénomènes généraux dangereux pour le malade.

Positives, elles indiquent la probabilité d'un foyer de tuberculose ; négatives, elles permettent de nier la présence du bacille dans l'organisme.

Leur valeur pratique est surtout grande chez l'enfant jeune, et tout particulièrement pour le diagnostic de la cause des hypertrophies ganglionnaires trachéo-bronchiques chez le nourrisson.

Recherches anatomo-cliniques sur quelques maladies du système nerveux.

15. — **Un cas complexe de contracture généralisée congénitale** (sclérose cérébrale avec syndrome de Little). *Société des sciences médicales de Montpellier*, 10 mai 1907.

Il s'agit d'une enfant de 2 ans 1/2, née à terme ; accouchement normal ; dans ses antécédents on ne trouve aucune trace de spécificité.

Et pourtant depuis la naissance elle présente non seulement de la contracture des 4 membres, du strabisme et des troubles de la déglutition, mais elle est encore atteinte d'idiotie complète avec microcéphalie, et à plusieurs reprises on a noté des crises convulsives de durée variable.

On constate de plus un faux œdème très marqué au niveau de la face dorsale des mains et des pieds.

L'observation de cette petite malade soulève divers problèmes de neuropathologie infantile.

a) Sans mériter le nom de maladie de Little vraie, la petite malade semble présenter ce qu'on a appelé à tort un Little complexe (Cestan). Il s'agit en réalité plus exactement, sans préjuger de la nature des lésions, d'une diplégie cérébrale dont les troubles moteurs affectent le « syndrome de Little ». (Raymond, Haushalter.)

b) Quelle est la nature de cet œdème élastique constaté au niveau des extrémités de l'enfant? Malgré la rareté de l'œdème

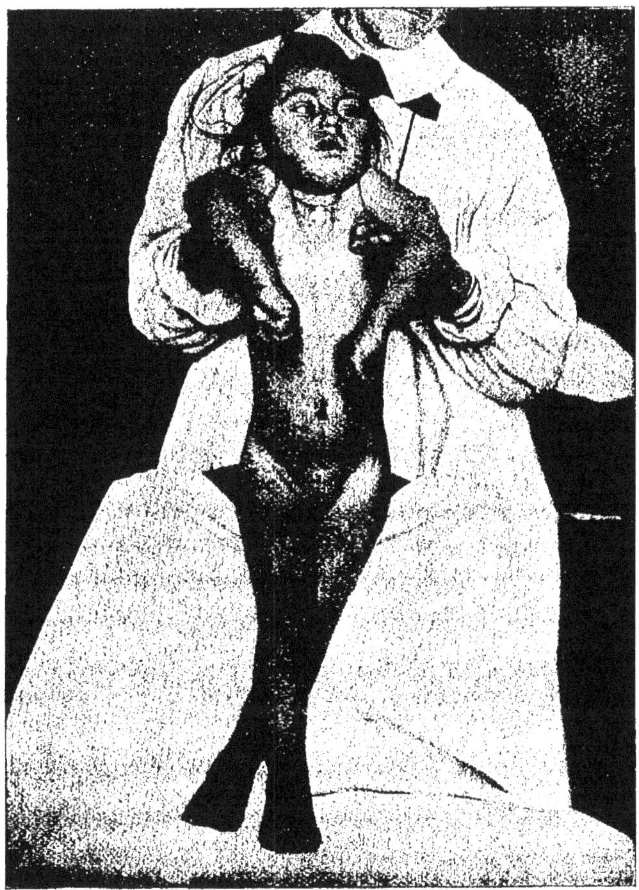

dans la maladie de Little comme dans les diplégies cérébrales de l'enfance, n'y a-t-il pas lieu, en l'absence de tout autre facteur étiologique (myxœdème par exemple), de conclure à un œdème neurotrophique.

16 et 16 *bis*. — **Maladie de Little et diplégies cérébrales. Quadriplégie infantile et athétose.** *Annales de médecine et chirurgie infantiles*, août 1907.

La question de la nature de la maladie de Little et des lésions anatomiques qui en sont le point de départ est à coup sûr une des plus contestées, à l'heure actuelle, en neuropathologie infantile.

A l'aide de six observations personnelles (1) qui se rapprochent par le siège et le caractère des troubles moteurs, mais se séparent en particulier par la présence ou l'absence de troubles de l'intelligence, nous essayons de montrer l'insuffisance des définitions jusqu'ici données à la maladie de Little.

Les unes sont trop étroites, les autres trop larges et presque sans limites.

Il est juste, selon nous, de conserver une appellation spéciale à la forme anatomo-clinique dans laquelle on note une agénésie ou destruction du faisceau pyramidal *seul* dans son trajet cortical ou médullaire. Cela réalise à proprement parler la *maladie de Little*, qui répond donc simplement aux cas où les troubles moteurs classiques sont seuls présents (Brissaud).

Toutes les fois que l'on rencontrera ce tableau clinique avec tel ou tel symptôme surajouté, on devra dire qu'on a affaire non pas à une maladie de Little, mais à une *diplégie médullaire* ou *cérébrale présentant*, au point de vue moteur, le type de contracture, le *syndrome de Little* (Raymond).

Cette question de définition et de classification une fois jugée, nous soulignons les points les plus intéressants de nos 6 observations, nous remarquons, en particulier, les rapports du strabisme, de l'idiotie et des convulsions. Enfin nous signalons, dans la

(1) Parmi lesquelles nous comptons l'observation qui a fait l'objet de notre communication à la Société des sciences de médecine, n° 15.

dernière de nos observations, la présence de troubles de la déglutition et d'un œdème neurotrophique très typique. Ces 2 faits ont été rarement notés aussi marqués dans les diplégies cérébrales.

Nous avons mis à part une observation du même ordre, remarquable par la netteté du syndrome athétosique.

La photographie ci-dessus a surpris et enregistré les mouvements anormaux de reptation digitale ; ici le syndrome athétosique est surajouté au syndrome quadriplégie spasmodique chez un enfant à intelligence peu développée, mais surtout peu cultivée, et qui est loin d'être un véritable idiot.

17. — **Un cas de tumeur du cervelet avec autopsie chez un enfant** (avec M. Bousquet). *Annales de médecine et chirurgie infantiles*, janvier 1907.

Nous avons pu observer chez un enfant de 13 ans une tumeur

du cervelet dont l'évolution, qui a duré 5 ans, a présenté une allure assez spéciale.

Elle provoqua, comme première manifestation clinique, une céphalalgie intense suivie bientôt d'une amaurose bilatérale et presque complète.

Après une période d'accalmie : nouvelle exacerbation marquée par l'apparition de vomissements et de douleurs fulgurantes dans les membres inférieurs, puis des crises douloureuses avec contracture, mais sans perte de connaissance. A ce moment il n'existait pas de troubles de l'intelligence, et même la motilité et la sensibilité ne paraissaient pas touchées.

Dans la suite, crises épileptiformes ; les sphincters se paralysent ; les centres de la respiration et de la glycosurie sont intéressés et l'intelligence diminue, tandis que le malade s'affaiblit progressivement.

Il succombe dans une syncope 4 ans et demi après le début de la maladie.

La ponction lombaire n'avait jamais révélé que l'hypertension d'un liquide normal dans sa composition.

A l'autopsie : hydropisie ventriculaire, tumeur volumineuse occupant le lobe gauche du cervelet et comprimant le plancher du 4e ventricule.

L'examen histologique permet de conclure à un gliome dont la structure variait suivant les points : prédominance cellulaire en certaines parties, fibrillaire en d'autres.

Cette observation nous permet de rappeler, sans y insister, quels sont les *caractères cliniques habituels des tumeurs du cervelet chez l'enfant.*

Nous soulignons ensuite certains *points curieux de notre observation* : l'absence presque complète, en tout cas l'apparition très tardive chez notre malade de troubles de la motilité et de l'équilibration, par opposition à la précocité de l'amaurose bilatérale et d'emblée presque totale que nous avons pu constater. Nous passons à ce sujet en revue les diverses théories qui ont essayé d'expliquer la production si brutale de cette cécité.

Enfin, chez notre petit malade, nous avons pu observer, dans les derniers temps de sa maladie, la série des troubles trophiques

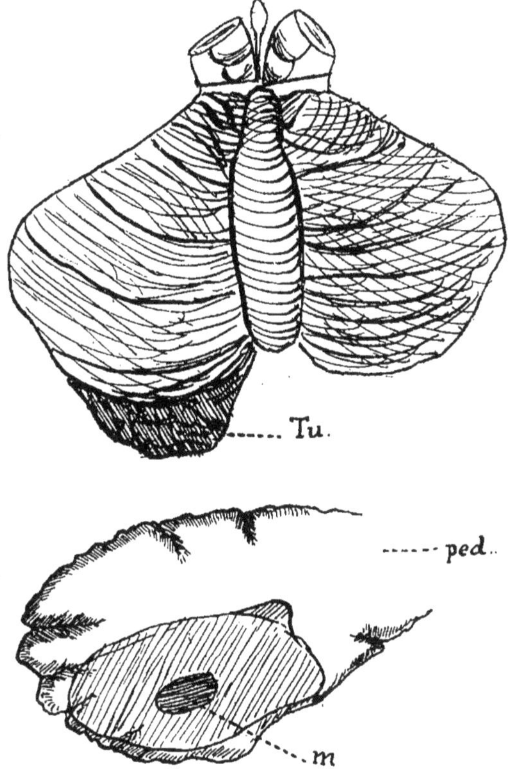

le plus souvent signalés : l'ulcère de la cornée, les escarres lombaires.

La mort, survenue avec une brusquerie relative, est probablement due à une inhibition bulbaire, qu'explique bien d'ailleurs le siège de la lésion.

18. — **Un gliome du cervelet**. *Présentation de pièces* (en collaboration avec MAILLET) *à la Société des sciences médicales*, le 12 février 1909. — **Un nouveau cas de tumeur du cervelet** (avec M. MESTREZAT). *Annales de médecine et chirurgie infantiles*, mars 1909.

Dans ce dernier travail nous rapportons l'observation complète d'une petite malade suivie pendant près de 2 ans dans le service de notre maître le professeur Baumel, et chez laquelle nous pûmes dès le début porter encore en toute certitude le diagnostic de tumeur du cervelet.

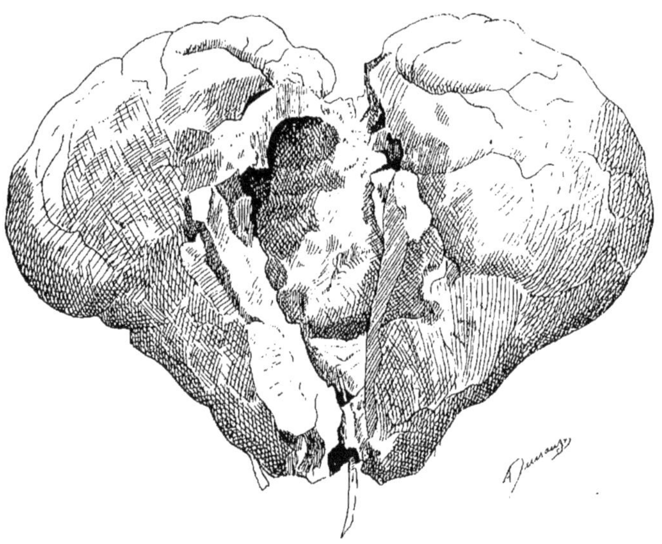

En présence d'antécédents nettement bacillaires et d'un examen démontrant des signes indubitables de bacillose pulmonaire, nous pensâmes à tort avoir affaire à un tuberculome.

La nécropsie vint nous démontrer qu'il s'agissait d'un gliome intracérébelleux, qui par dégénérescence centrale a pu amener la formation d'une véritable poche d'aspect purulent très volumineuse.

A l'occasion de cette observation, nous insistons sur les raisons de notre erreur dans le diagnostic de nature de la tumeur et nous montrons qu'en clinique il ne faut pas toujours vouloir conclure d'une façon trop logique; du fait qu'une enfant tuberculeuse avérée présente les signes d'une tumeur cérébrale il faut se garder d'en affirmer la nature tuberculeuse : cela est possible, mais non certain. Nous aurions personnellement dû profiter davantage des données diagnostiques que nous fournissait le laboratoire (absence de réaction cytologique, quantité normale d'albumine et de glucose, Δ normal).

Nous relevons ensuite certains points curieux de notre observation : *a*) dissociation progressive du tonus musculaire et des réflexes tendineux (l'atonie augmente et les réflexes s'exagèrent) ; *b*) mécanisme de l'hydrocéphalie interne pure ; *c*) nature très vasculaire du gliome observé.

19. — **Etude anatomique de 2 gliomes circonscrits du cervelet** (avec M. Ed. Bosc). *Montpellier médical*, septembre 1909, 5 figures.

Dans ce travail, nous insistons sur divers détails anatomiques relevés à l'examen de 2 tumeurs gliomateuses du cervelet dont l'histoire clinique a été précisée dans les publications précédentes.

L'étude de nos diverses préparations nous semble, en particulier, permettre d'affirmer que la distinction classique fondamentale entre les gliomes à prédominance cellulaire ou fibrillaire n'est qu'une division artificielle simplement fondée sur la prédominance plus marquée de ces types de tumeurs. Deux points différents d'une même préparation nous ont donné l'aspect classique de chacune de ces deux variétés anatomiques. (Fig. p. 36.)

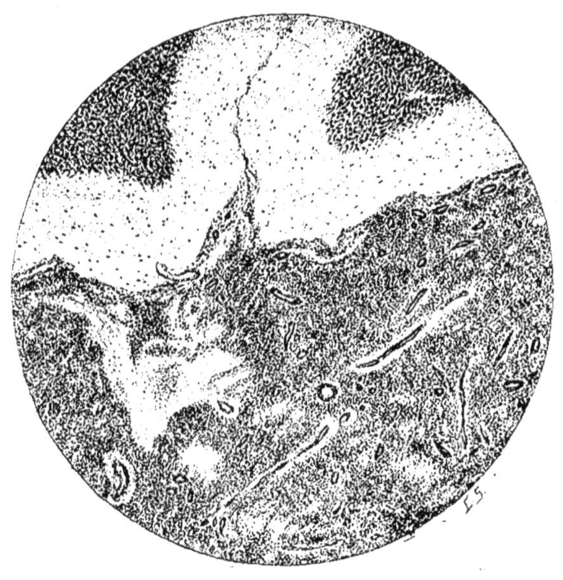

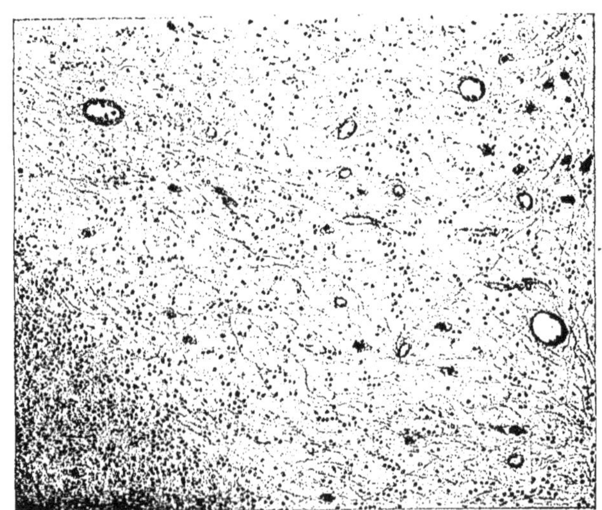

Deux préparations d'un même gliome du cervelet.

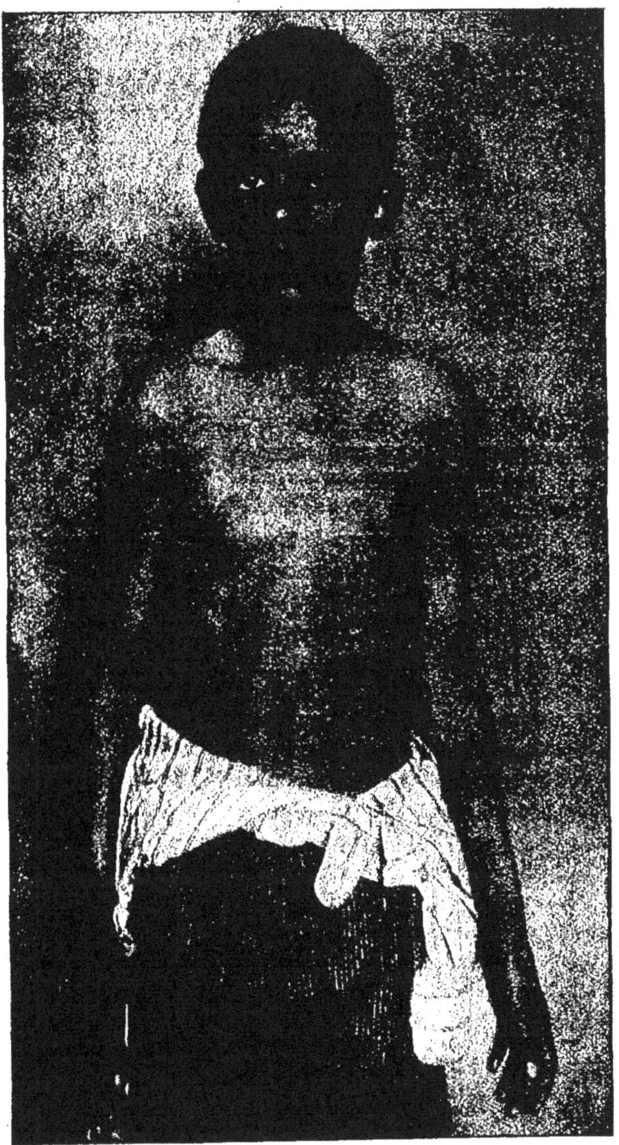

Enfant atteint de paralysie radiculaire traumatique du plexus brachial.

20. — **Un cas de paralysie radiculaire du plexus brachial chez l'enfant** (avec M. Lœnhardt). *Société des Sciences médicales de Montpellier*, avril 1908 ; *Nouveau Montpellier médical*, juillet 1908, 16 pages, (4 figures dont celle de la p. 37).

Les paralysies radiculaires du plexus brachial dans l'enfance, en dehors des paralysies obstétricales, sont relativement très rares. Il nous a paru intéressant d'en rapporter un cas tout à fait caractéristique ; sa netteté clinique provoque la récapitulation rapide des connaissances actuelles sur cette question de neuro-pathologie.

21. — **Un cas de myopathie d'allures primitives et à tendances pseudo-hypertrophiques** (en collaboration avec M. Carrieu). *Société des Sciences médicales*, 15 janvier 1909, 6 figures, 12 pages ; *Thèse Eyriès*, Montpellier, 1909.

Il s'agit d'un jeune garçon de 7 ans qui réalise un exemple vraiment typique de myopathie pseudo-hypertrophique (fig. p. 39).

L'ensellure lombaire, la marche dandinante, les apparences volumineuses des mollets, l'absence de contractions fibrillaires et les résultats de l'exploration électrique, tout cela donne au malade un aspect caractéristique.

A propos de cette observation, nous reprenons d'un point de vue purement théorique la discussion encore à l'étude des rapports des myopathies avec les névropathies et les myélopathies.

Les signes sur lesquels on s'appuyait il y a quelques années pour établir du vivant du sujet l'origine primitive ou non de l'amyotrophie progressive ont peu à peu perdu de leur valeur.

Néanmoins les divers syndromes d'amyotrophie myopathique névritique et myélopathique méritent d'être conservés.

Notre petit malade offre cliniquement un type pur de myopathie à tendances pseudo-hypertrophiques.

22. — **Un cas de paraplégie blennorragique** (avec M. Gaussel). *Société des Sciences médicales*, 12 décembre 1905 ; *Nouveau Montpellier médical*, t. XX, nos 8 et 9.

Il s'agit d'un cas de méningo-radiculite chez un sujet atteint de

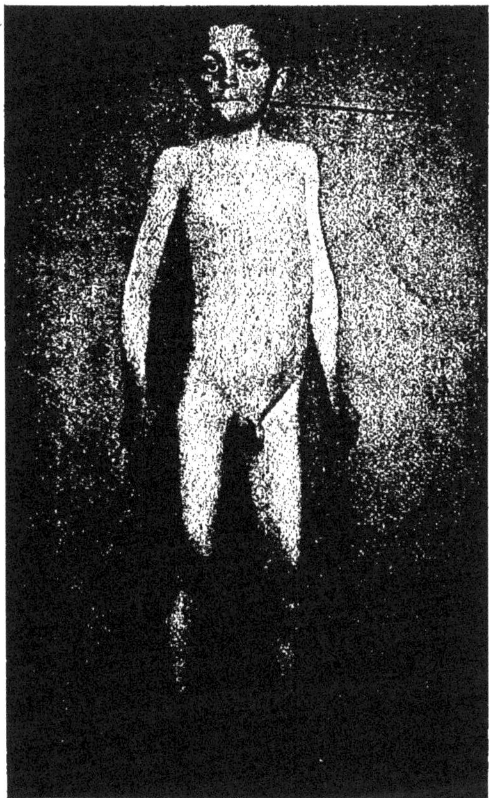

Enfant atteint de myopathie pseudo-hypertrophique.

blennorragie. La symptomatologie est celle d'une paraplégie douloureuse avec une douleur à la région lombo-sacrée.

La ponction lombaire permet de retirer du pus d'un abcès intra-rachidien indépendant du cul-de-sac sous-arachnoïdien et développé au niveau d'une articulation de la colonne lombaire.

Ce pus renferme un colibacille à l'exclusion de tout autre microbe.

En somme, il s'agit d'une complication rare de la blennorragie, d'une paraplégie par l'intermédiaire d'une arthrite sacro-lombaire, due à une infection secondaire (colibacilles).

Nous montrons que :

1° Sans contredire la possibilité d'une serité rachidienne sans arthropathie du rachis comme intermédiaire, — il semble, d'après leur observation, que la localisation du processus infectieux sur les articulations de la colonne vertébrale précède parfois et facilite la paraplégie.

Dans tous les cas, il convient de rechercher avec soin cette arthropathie que la ponction lombaire peut aider à diagnostiquer.

2° Il est certain que, bien que survenant au cours de la gonococcie, de telles complications sont ordinairement le fait d'infections secondaires et réalisent en quelque sorte des manifestations parablennorragiques.

23. — **Contribution pathogénique à l'étude de la tétanie d'origine gastro-intestinale chez l'enfant.** *Annales de médecine et chirurgie infantiles*, 15 novembre 1908.

Si les auteurs paraissent aujourd'hui d'accord sur l'allure clinique de la tétanie chez l'enfant comme chez l'adulte, il n'en est pas de même en ce qui concerne sa pathogénie. L'observation attentive de quelques faits personnels de gastro-entérite grave avec manifestations tétanoïdes nous permet de préciser l'état actuel du problème.

La théorie parathyroïdienne, bien que très séduisante, reste encore à prouver, tandis qu'un certain nombre de faits cliniques bien observés sont aujourd'hui indiscutables.

1° Parmi les nombreux facteurs étiologiques de tétanie, les uns ont simplement la valeur de *causes prédisposantes* (hérédité névropathique, débilitation antérieure, milieu social et hygiénique défectueux) ou *occasionnelles* (froid, émotion, douleur, traumatisme). Le rachitisme ne paraît pas agir par lui-même; rachitisme et tétanie sont sous la dépendance du même *facteur déterminant la gastro-entérite*).

2° Cette gastro-entérite agit, croyons-nous, avant tout non pas seulement par action hypothétique sur les parathyroïdes, mais bien plutôt par *l'intoxication directe* qu'elle crée chez le petit

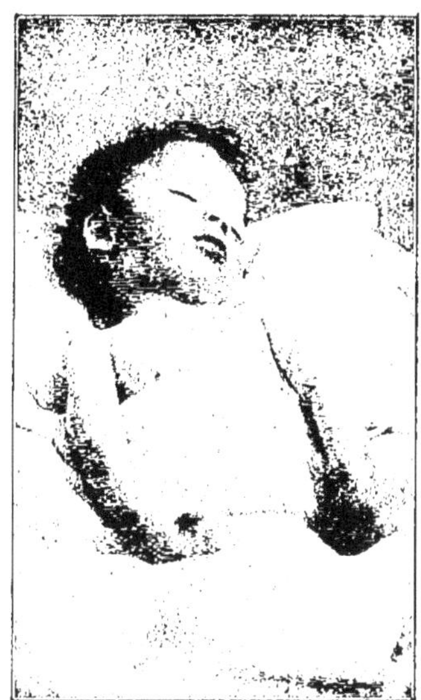

malade, et aussi par la *déshydratation* sanguine qu'elle entraîne le plus souvent. Quelques-unes de nos observations sont à ce point de vue assez nettes et obligent, croyons-nous, à reconnaître à ce dernier facteur une réelle valeur pathogénique.

3° Quoi qu'il en soit, la clef du problème pathogénique direct de la tétanie d'origine gastro-intestinale se trouve aujourd'hui dans la recherche de la toxicité du contenu intestinal et la détermination de ses causes.

26. — **Association hystéro-organique chez l'enfant** (avec M. Bousquet). *Annales de médecine et chirurgie infantiles*, janvier 1907.

Il s'agit d'une fillette de six ans, qui présentait de la contracture en flexion du membre supérieur gauche avec atrophie et raccourcissement des membres supérieur et inférieur de ce côté ; les réflexes sont exagérés et les réactions électriques modifiées dans certains muscles du membre supérieur ; ces troubles apparurent à la suite de convulsions de la première enfance.

Il s'agit donc d'hémiplégie spasmodique infantile. Mais brusquement ils subissent une aggravation, d'explication difficile tout d'abord, mais qui, après examen plus attentif, nous parut ressortir à de l'hystérie surajoutée. En effet, chose exceptionnelle dans l'enfance, il y a quelques-uns des stigmates classiques avec du rétrécissement du champ visuel ; enfin la persuasion arrive à diminuer notablement la contracture des membres, qui reprennent leur souplesse presque normale pendant le sommeil, quand l'enfant s'agite sous l'influence d'un rêve. C'est donc de l'hystérie survenue chez une hémiplégique spasmodique infantile et ajoutant un trouble dynamique à l'altération organique des centres nerveux. De semblables faits ne sont pas très communs chez l'enfant.

Nous recherchons à cette occasion dans quel groupe des associations hystéro-organiques on peut classer notre observation et tout naturellement nous la rapprochons des cas décrits et étudiés par Grasset, Cénas, dans lesquels l'hystérie a suivi les lésions organiques par opposition à ceux de Charcot où l'inverse fut observé.

27. — **L'hystérie convulsive chez les jeunes** (avec M. M. Carrieu). — *Société des Sciences médicales*, 30 juin 1908 ; *Nouveau Montpellier médical*.

Nous présentons à la société un jeune garçon de 11 ans qui a été soigné par nous pour des accidents convulsifs de nature nettement hystéro-névrosique. Malgré leur gravité apparente (véritable état de mal), les convulsions ont rapidement disparu sous l'influence d'un traitement psycho-thérapique méthodique. La guérison de l'enfant est aujourd'hui complète.

A l'occasion de cette observation très typique, nous rappelons les données actuelles sur l'hystérie convulsive chez l'enfant et nous établissons la conduite à tenir en pareil cas.

28. — **Un cas de contracture névrosique chez l'enfant** (en collaboration avec M. Leenhardt). *Société des Sciences médicales*, 23 décembre 1908.

Il s'agit d'une enfant de 13 ans qui présenta brusquement, sans cause apparente, une contracture très marquée des muscles éleveurs de l'épaule droite. La déformation qui en résultait s'est progressivement exagérée.

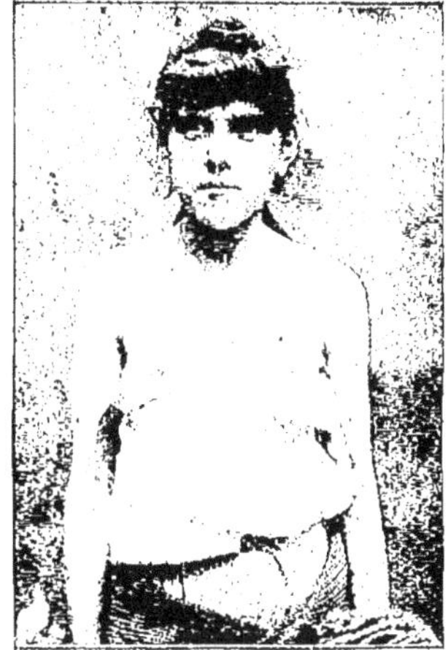

Quand nous examinâmes l'enfant un mois et demi après le début de la maladie, la contracture paraissait invincible.

Les deux photographies ci-dessus démontrent l'état de l'enfant avant et après une séance de suggestion à l'état de veille (après sidération au nitrite d'amyle).

29. — **Guérison rapide d'un tic ancien chez l'enfant** (en collaboration avec MM. Leenhardt et Maillet). *Société des Sciences médicales de Montpellier*, séance du 29 janvier 1909.

Il s'agit d'une malade âgée de 10 ans et qui présentait depuis deux ans le tic d'acquiescement. Traitée d'abord par l'isolement et la psycho-thérapie brusque, cette enfant ne parut pas du tout s'améliorer. On essaya alors de la méthode dite de persuasion et de rééducation.

L'enfant a été guérie en quinze jours, et depuis ce moment le tic ne s'est pas reproduit (présentation après quatre mois).

31. — **Contribution à l'étude de l'émotivité morbide chez l'enfant.** *Société des Sciences médicales de Montpellier*, 31 mai 1907 ; *Montpellier médical*, juin 1907.

Cette étude porte sur le cas d'un jeune malade prédisposé émotif qui a présenté à la suite d'une frayeur un brusque accès de lypémanie anxieuse aiguë à direction d'auto-accusation.

L'observation que nous rapportons et sa discussion nous permettent de conclure que, quoi qu'en dise Lalanne (thèse Bordeaux, 1877), l'enfance et la puberté ne sont pas à l'abri des lypémanies avec délire.

La discussion des antécédents de notre malade et l'analyse des circonstances qui favorisèrent le crack brutal de l'intelligence de l'enfant nous permettent d'établir quelle a été l'étiologie de cet accès de lypémanie et, à ce sujet, d'insister sur ce fait que, chez notre malade, le délire d'auto-accusation ne fut en somme « que l'hypertrophie morbide du sentiment de peur » (Mairet). La guérison rapide et durable de l'enfant confirme cette idée.

Dès lors, généralisant l'impression produite par notre observation, n'y aurait-il pas lieu de faire d'un sentiment tel que la peur le point de départ, le centre de développement de bien des accidents vésaniques passagers de la première et de la deuxième enfance ?

TRAVAUX SUR L'EXAMEN PHYSICO-CHIMIQUE DU LIQUIDE CÉPHALO-RACHIDIEN. RECHERCHES SUR QUELQUES CAS DE MÉNINGITE TUBERCULEUSE ET DE MÉNINGITE CÉRÉBRO-SPINALE A MÉNINGOCOQUES. — Nos 32 A 45 :

1. Analyse du liquide céphalo-rachidien dans un cas d'hydrocéphalie consécutive à un gliome du cervelat (en colloboration avec MESTREZAT), *C. r. Soc. biol. de Paris*, 15 fév. 1909.
2. Présence de nitrates et de nitrites dans le liquide céphalo-rachidien. Perméabilité méningée aux nitrates (avec MESTREZAT), *Ibid.*, 15 mars 1909.
3. De l'élimination des nitrates par les diverses glandes de l'organisme dans ses rapports avec la perméabilité à ces sels (avec MESTREZAT), *Montp. méd.*, août 1909.
4. Exagération de la perméabilité méningée aux nitrates. Diagnostic de la méningite tuberculeuse (avec MESTREZAT), *C. r. Soc. biol. Paris*, 27 mars 1909.
5. Analyses du liquide céphalo-rachidien dans 3 cas de méningite tuberculeuse (avec MESTREZAT), *Ibid.*, 26 juin 1909.
6. Le liquide céphalo-rachidien dans la méningite tuberculeuse. Etude chimique (avec MESTREZAT), *Revue de Neurologie*, 30 juin 1909.
7. Un cas de méningite tuberculeuse ayant débuté par une cécité passagère (en collaboration avec BRUNEL), *Soc. des Sc. méd. de Montp.*, 5 mars 1909.
8. Rétention d'urine au cours d'une méningite tuberculeuse cérébro-spinale (avec JUSEPHOVITCH), *Ibid.*, 2 avril 1909.
9. Etude critique sur les formes anormales de la méningite tuberculeuse chez l'enfant (en collaboration avec JUSEPHOVITCH), *Ann. de méd. et chir. inf.*, mai 1909.
10. Quelques recherches sur un cas de méningite cérébro-spinale à méningocoques, avec méningococcémie (en collaboration avec DELANOÉ et MESTREZAT), *Ann. de méd. et chir. inf.*, 15 oct. 1909, et *C. r. Soc. biol., Paris*, 1er août 1909.
11. Pneumococcie méningée sans réaction leucocytaire quadriplégie flasque du type de la paralysie infantile, *Ann. de méd. et chir. inf.*, 15 févr. 1910.
12. Réaction méningée au cours d'une infection indéterminée chez l'enfant (avec MAILLET), *Soc. des Sc. méd. de Montp.*, 5 mars 1909.

13. Méningites vraies ou complètes; méningites incomplètes (avec Mestrezat), *Nouv. Montp. méd.*, sept. 1909.
14. Quelques considérations de pathologie générale sur les méningites chez l'enfant, *Note au congrès de l'Assoc. franç. de péd.*, juill. 1910.

Ces quelques travaux sont le résumé partiel de méthodiques recherches expérimentales entreprises et poursuivies dans la clinique et le laboratoire de notre maître le professeur Baumel.

I. — Ayant eu l'occasion de soigner une petite malade atteinte de tumeur du cervelet, nous avions fait faire de son vivant à plusieurs reprises des analyses partielles du liquide céphalo-rachidien retiré par ponction lombaire. Une analyse chimique complète fut permise, étant donnée la grande quantité de liquide évacué *post mortem*. Les résultats obtenus nous parurent intéressants ; ils sont consignés dans notre première note à la biologie et nous donnent l'occasion de remarquer dans cette sécrétion la présence normale de nitrates, de glucose et d'un principe réducteur autre dont la réalité explique les divergences d'opinion qui se sont il y a quelques années produites quant à la nature du principe réducteur du liquide céphalo-rachidien.

Ces quelques données ont orienté nos recherches ultérieures vers l'étude aujourd'hui trop négligée de la perméabilité méningée. Du même coup, ayant bien réglé notre technique d'analyse, nous étions encouragés à creuser le problème de l'étude chimique du liquide céphalo-rachidien.

II. — Même chez des sujets normaux l'imperméabilité classique des plexus à l'iodure, au bromure, ne se vérifie pas pour les nitrates puisqu'ils sont normalement sécrétés dans le liquide céphalo-rachidien. Qu'on fasse absorber à un sujet une quantité, même faible de nitrates, et 1 à 2 heures après, grâce à la sensibilité de leurs réactions chimiques, on pourra dans le liquide céphalo-rachidien retrouver ces sels en état de concentration plus grande qu'avant leur ingestion. Cette influence des nitrates ingérés sur la teneur du liquide céphalo-rachidien devient surtout évidente chez des malades présentant une réaction méningée pathologique et en particulier une méningite bacillaire.

III. — Au point de vue éliminatoire, les plexus choroïdiens semblent d'ailleurs se comporter absolument à la façon des autres épithéliums glandulaires. C'est ce que montrent nos recherches sur l'élimination des nitrates par les diverses glandes de l'organisme. Les courbes obtenues pour l'élimination urinaire et salivaire montrent que quel que soit l'organe considéré la recherche du coefficient d'élimination de ces nitrates doit être effectuée dans les premières heures qui suivent l'ingestion de ces sels (2 ou 3 heures).

IV. — L'exagération de la perméabilité méningée dans la méningite tuberculeuse est particulièrement nette. Nous avons ainsi obtenu, au lieu de 9 à 12 milligrammes, les chiffres énormes de 75, 85 milligrammes après l'ingestion 2 heures avant la ponction de 1 gramme d'$AzO^3 Na^2$ par 30 kilogrammes. La simplicité de notre mode opératoire pour le dosage des nitrates dans le liquide céphalo-rachidien, la netteté des résultats obtenus, rendent le procédé à la fois pratique et précieux pour le diagnostic précoce de la méningite tuberculeuse.

V et VI. — Notre communication à la *Biologie* et notre article de la *Revue de Neurologie* contiennent 4 faits personnels de méningite tuberculeuse avec analyse chimique complète du liquide céphalo-rachidien et l'étude critique des documents actuels sur la question de la composition chimique du liquide céphalo-rachidien dans cette affection. A l'aide de telles données nous croyons légitime d'affirmer qu'il existe dans la méningite tuberculeuse une véritable formule chimique spéciale du liquide céphalo-rachidien. Ses traits essentiels peuvent être résumés comme suit :

1° *Teneur élevée mais non exagérée en albumine* (1 à 2 grammes) ;
2° *Faible proportion de sucre* (0,15 à 0,30) ;
3° *Chiffre très bas des chlorures* (5 à 6 grammes) ;
4° *Extrait abaissé ou normal* (10,5 à 12) ;
5° *Δ généralement diminués* (0°45 — 0°50) ;
6° *Perméabilité exagérée aux nitrates* (70 à 90 milligrammes).

VI. — Sans rejeter aucune des méthodes aujourd'hui classiques pour la diagnose de la méningite tuberculeuse, nous pensons que l'examen chimique, méthodique et complet du liquide retiré par ponction lombaire donnera désormais au clinicien des indications précieuses. Cela est surtout vrai en ce qui concerne les formes anormales si nombreuses de la méningite tuberculeuse.

VII et VIII. — Bien qu'elles aient quelquefois une base anatomique aujourd'hui connue, ces variétés cliniques si multiples de la méningite tuberculeuse sont en effet singulièrement faites pour égarer le diagnostic. Telles furent les 2 observations que nous communiquons à la Société des Sciences médicales.

IX. — A ce même point de vue, nous avons eu l'idée de faire en pathologie infantile ce que Chantemesse a réalisé pour l'adulte dans sa thèse de 1884. Comme conclusion nous avons cru pouvoir donner une ébauche de classification des diverses formes anormales de la méningite tuberculeuse chez l'enfant :

- 1° Formes anormales par leur évolution. . .
  - forme aiguë ou foudroyante.
  - forme à évolution ralentie ou à rémissions prolongées.
- 2° Formes anormales par le siège ou l'étendue des lésions.
  - forme paralytique. . .
    - forme à hémiplégie.
    - forme à monoplégie.
    - formes à paralysies diverses.
  - forme aphasique.
  - forme à type d'épilepsie jacksonienne.
  - forme tétanique.
  - forme cérébro-spinale.
- 3° Formes anormales par prédominance d'un ensemble symptomatique
  - forme somnolente.
  - forme délirante.
  - forme mentale.
  - forme gastro-intestinale.
  - forme grippale.
  - forme typhoïde.
  - forme apyrétique.

Pour toutes ces formes anormales, les recherches de laboratoire (examen physico-chimique cytologique et bactérioscopique du liquide céphalo-rachidien) sont encore aujourd'hui le seul moyen d'établir précocement un diagnostic averti.

Dans tous ces cas pris au début, la clinique permet de soupçonner la méningite tuberculeuse ; le laboratoire seul permet de l'affirmer.

X. — Ayant eu l'occasion de suivre d'une façon assez complète un cas de méningite cérébro-spinale à méningocoques à forme prolongée, nous avons, dans une note à la *Biologie*, publié les résultats de nos analyses chimiques du liquide céphalo-rachidien retiré par ponction lombaire. La simple considération de nos résultats souligne de façon nouvelle l'intérêt de l'examen chimique du liquide céphalo-rachidien en matière de méningite et montre l'individualité de formule chimique des méningites aiguës à tendances suppuratives.

Mais comme l'observation clinique de l'enfant que nous avons suivi ne manquait pas d'intérêt, nous l'avons rapportée dans un assez long mémoire paru dans les *Annales de médecine et chirurgie infantiles*. Il s'agissait, en effet, d'un cas de méningite cérébro-spinale à méningocoques avec méningoccémie, dont l'évolution prolongée fut successivement marquée par toute une série de complications graves : hémiplégie, otite, endocardite, néphrite, toutes heureusement enrayées par le seul traitement sérique. Chemin faisant, nous soulignons la variabilité symptomatique de la méningite à méningocoques.

La formule cytologique primitive (mononucléose) du liquide céphalo-rachidien s'est progressivement transformée en une polynucléose.

Les cultures du liquide céphalo-rachidien, combinées à l'hémoculture, ont souligné l'intensité de l'infection méningococcique.

C'est, il faut l'avouer, la considération des résultats de l'analyse chimique de la première ponction qui vint renverser le diagnostic clinique d'attente (méningite tuberculeuse); l'examen successif des formules chimiques obtenues nous fait en outre assister à une évolution graduelle de la composition du liquide céphalo-rachidien qui fait progressivement retour à la normale.

Enfin, grâce à la combinaison de l'hémoculture, nous avons pu parfaitement dissocier dans notre observation l'état de la *lésion méningée*, dont la guérison tendait à se faire sous l'action thérapeutique du sérum, *de l'état général* que venaient influencer diverses causes ou complications morbides.

La constatation des progrès très nets réalisés d'une ponction à l'autre constitue en somme, à divers points de vue, une donnée pronostique de premier ordre.

L'analyse de la dernière ponction permet d'affirmer le retour à peu près absolu à la normale.

XI. — Un cas remarquable, observé dans la clinique de notre maître le professeur Baumel, nous a fourni l'occasion d'établir un rapprochement assez suggestif entre la paralysie infantile, l'atonie congénitale d'Oppenheim et une méningite à pneumocoques sans réaction méningée, ni clinique ni cytologique.

Il s'agissait d'un enfant chez lequel le diagnostic de paralysie infantile apparaissait évident.

Or la ponction lombaire ramène un liquide clair eau de roche sans réaction leucocytaire, mais dans lequel la centrifugation révèle des pneumocoques très abondants et doués d'une virulence assez marquée.

Il y a donc lieu de se demander si, à la base de certains cas cliniques étiquetés paralysie infantile ou atonie musculaire congénitale, l'étude systématique du liquide céphalo-rachidien ne viendra pas déceler quelque méningite bactérienne cliniquement latente.

XII. — Presque à l'inverse de ce cas d'infection méningée sans réaction clinique ni cytologique nette, nous avons observé un fait de réaction méningée (cliniquement et cytologiquement incontestable), dans lequel l'examen bactérioscopique et la culture restèrent négatifs. Cette observation, relevée au cours d'une infection indéterminée chez l'enfant, est à rapprocher de celles publiées par Déléarde, Widal, Philibert.

Nous soulignons, bien entendu, dans notre communication,

l'intérêt diagnostique et pronostique qu'il y a dans la pratique à isoler des méningites vraies et à individualiser comme méningites incomplètes ces simples réactions méningées cytologiques à liquide louche parfois puriforme.

XIII. — En attendant de rédiger d'une façon plus complète les quelques aperçus de pathologie générale que nous ont laissé entrevoir toutes ces recherches, nous avons tenu dès 1909 à préciser la valeur de certaines données ou expressions cliniques autrefois en usage, aujourd'hui encore vraiment utiles à connaître.

Dans l'étude des méningites, il est désormais classique de considérer trois éléments : *le syndrome clinique* d'une part et *la formule cytobactériologique* de l'autre.

En thèse générale, ces trois données sont en effet fondamentales ; cependant, nos analyses chimiques nous conduisent à admettre un quatrième élément d'appréciation diagnostique et pronostique ; c'est la *formule chimique* du liquide céphalo-rachidien.

Le liquide normal de la cavité arachnoïdienne possède en effet une composition moyenne bien définie (albumine, 0 gr. 13 ; sucre, 0 gr. 53 ; NaCl, 7 gr. 30 ; Δ, 0° 55 à 0° 58).

Cette formule subit, dans certains cas (méningite tuberculeuse, m. cérébro-spinale), des modifications si marquées que l'on peut dire que les méningites *vraies*, *complètes*, sont caractérisées par une *quadruple symptomatologie* : CLINIQUE, PHYSICO-CHIMIQUE, CYTOLOGIQUE et BACTÉRIOLOGIQUE.

Mais, fait digne de remarque, la concordance des résultats de l'enquête clinique, chimique, cytologique et bactérioscopique n'est pas toujours absolue, et dès le début de nos recherches systématiques sur la chimie du liquide céphalo-rachidien, nous avons enregistré plusieurs faits de méningites que l'on peut qualifier d'incomplètes par suite de l'absence d'un ou de deux des trois ordres d'éléments diagnostiques que nous venons d'indiquer.

Ces diverses observations permettent de comprendre, jusqu'à un certain point, les anciennes subdivisions classiques établies dans les méningites, et de les rajeunir en les étayant sur des bases nouvelles.

A côté des *méningites vraies* qui comprendraient celles des *méningites complètes* présentant des modifications profondes de chacun des éléments d'appréciation ci-dessus indiqués, il existerait des *méningites incomplètes* (dont certaines ont été appelées autrefois pseudo-méningites, méningites séreuses ou décrites sous le terme vague de méningisme).

Dans ces *méningites incomplètes*, on peut observer, soit :

a) Des phénomènes cérébro-méningés avec réaction chimique seule (méningite séreuse de Concetti) et sans réaction cytologique.

b) Soit des phénomènes cérébro-méningés avec légère réaction cytologique sans modification chimique du liquide céphalo-rachidien ;

c) Soit enfin des réactions méningées purement cytologiques sans méningites cliniques (états congestifs des centres de Widal ; méningites latentes de Sézary) ;

d) Des cas tout à fait exceptionnels de méningites cliniques avec réaction microbienne du liquide céphalo-rachidien, mais sans réaction cytologique.

Cette énumération montre combien peuvent être complexes et variés les cas que l'on a le droit d'englober aujourd'hui sous l'épithète de *méningites incomplètes*.

Mis à part, les faits curieux mais très rares de méningite bactérienne sans réaction cytologique qui s'accompagnent d'ailleurs toutes, semble-t-il, d'un certain degré de réaction chimique du liquide céphalo-rachidien, on peut bien dire : *le pronostic des méningites incomplètes* est en général bénin ; seules les *méningites complètes* entraînent un pronostic sombre et parfois fatal.

XIV. — L'observation de faits nouveaux nous encourage à en présenter une étude d'ensemble au prochain congrès de l'Association française de pédiatrie (1910).

A mesure que, par l'effort complémentaire des divers laboratoires, la clinique, après avoir isolé dans un syndrome toute une série de groupements nosologiques, en arrive à vouloir en préciser les bases, c'est-à-dire les conditions étiopathogéniques aussi bien que les éléments anatomiques, à chaque fois il semble que l'on assiste à l'ébranlement puis à la destruction des limites tranchées, des cloisons étanches, séparant des ensembles cliniques autrefois considérés comme bien définitivement distincts.

La création des termes de passage des formes de transition vient, en médecine comme en anatomie comparée, compliquer sans doute la première compréhension des choses, mais simplifier aussi l'œuvre de la pathologie générale.

Il en est ainsi de l'énorme chapitre des méningites.

Les applications récentes de la cytologie, de la bactériologie et de la chimie à l'étude du liquide céphalo-rachidien nous permettent aujourd'hui de mieux concevoir les divers modes réactionnels de la séreuse arachnoïdienne, et, pourvu qu'on les combine, ces divers procédés de laboratoire permettent le plus souvent au clinicien de porter un diagnostic, et un pronostic vraiment éclairé parce qu'étiopathogénique.

Études sur diverses maladies ou divers syndromes morbides chez l'enfant.

46. — **Un cas de colite pure chez le nourrisson** (avec M. Ed. Bosc). *Archives de médecine des enfants*, février 1908.

L'observation clinique d'un petit malade de dix mois rappelle par son début et son évolution même la maladie de Hirschsprung. Dans les deux derniers mois, phénomènes d'entérite grave. Mort.

La nécropsie est venue :

1° Montrer la présence d'un S iliaque plusieurs fois replié sur lui-même, c'est-à-dire permettre en somme de rattacher notre observation aux cas de constipation congénitale décrits par Marfan. Nous devons subordonner la constipation observée avec hypertrophie du côlon à une véritable anomalie des flexions de l'S iliaque.

2° A l'ouverture de la paroi colique un peu épaissie, nous avons trouvé de larges ulcérations démontrant l'existence d'une colite folliculaire subaiguë. Dans l'intestin grêle, aucune lésion.

L'observation que nous rapportons permet donc de distinguer, parmi les gastro-entérites du nourrisson, une variété proprement colique. Sa pathogénie est directement liée, dans notre cas clinique, à l'anomalie des coudures de l'S iliaque qu'a démontrée l'autopsie.

La dilatation colique observée était probablement due à la distension par les gaz de putréfaction ; quant à l'hypertrophie des parois elle était le résultat combiné de l'obstacle à vaincre et de la colite chronique.

Celle-ci a été déterminée par l'action irritante des produits de la putréfaction des matières fécales en stagnation.

Conclusion pratique : Traitée à temps et par un médecin éclairé, la constipation présentée par notre petit malade eût parfaitement pu guérir ou du moins être compensée jusqu'au jour où l'intestin moins surchargé se serait avec l'âge dégagé du petit bassin en s'élevant peu à peu dans la cavité abdominale.

47. — **La constipation chez les nourrissons.** Etude physio-pathologique. *Annales de médecine et chirurgie infantiles*, 1er avril 1908; *Journal d'obstétrique et de pédiatrie*, avril 1908 ; *le Médecin praticien*, 19 mai 1908.

La diversité étiologique de la constipation chez les nourrissons est grande. Aussi, malgré les travaux importants de Marfan, Weill, Filatow, Nobécourt et Comby, la question reste encore mal précisée et d'une étude souvent difficile à aborder pour les débutants.

Il ne semble pas exister encore d'unité dans l'étiologie de la constipation chez les nourrissons ; aussi avons-nous essayé de coordonner de façon plus méthodique tous les faits aujourd'hui classiques. Notre point de départ a été la physiologie même de l'évacuation régulière de l'intestin chez le nourrisson.

Elle suppose :

1° Que le tube digestif ne soit ni obstrué ni même rétréci ;

2° Que les sécrétions qui lubrifient la muqueuse intestinale ne soient pas diminuées ;

3° Que la muqueuse n'ait pas perdu sa sensibilité au contact des matières fécales ;

4° Que les centres nerveux qui président à ce péristaltisme et à l'acte de défécation ne soient ni irrités ni altérés ;

5° Que la tunique musculaire ait perdu sa contractilité normale.

D'après ces règles, ne peut-on pas classer les constipations du nourrisson en trois groupes :

a) Des constipations à la suite d'un obstacle au cours régulier des matières ;

b) Des constipations par modifications du contenu intestinal ;

c) Des constipations par défaut dans l'action des fibres musculaires expultrices.

Dans les *constipations par obstacle* nous faisons rentrer les occlusions intestinales incomplètes à siège variable, les coudures et torsions, les spasmes et contractures, les flexuosités de l'S iliaque, et l'allongement du côlon.

Dans les *constipations par modifications du contenu intestinal* nous plaçons la diminution des ingestas, l'augmentation de la résorption, la diminution des sécrétions hépatiques, pancréatiques ou intestinales.

Enfin qu'un des trois temps du réflexe qui provoque la contraction intestinale soit atteint, et l'on aura la *constipation par défaut dans l'action des filtres expultrices* (anesthésie muqueuse, paralysie des centres, atonie primitive ou secondaire de la musculature intestinale).

48. — **Classification étio-pathogénique des constipations chez l'enfant**. *Archives de médecine des enfants*, juillet 1909.

Si la fréquence de la constipation chez l'enfant est incontestable, il faut bien aussi reconnaître que l'importance et la gravité de ce symptôme sont essentiellement variables; dans tous les cas, il est donc nécessaire de rechercher et de prescrire un traitement plutôt pathogénique que purement symptomatique.

Voilà pourquoi, nous appuyant sur l'étude précédente, nous avons voulu indiquer aux médecins d'enfants la classification pratique personnelle déjà proposée. Elle permet, croyons-nous, de conduire plus aisément l'enquête clinique vers la recherche de l'étio-pathogénie du symptôme observé.

Le facteur de constipation étant connu, on n'aura qu'à le traiter pour que l'état de l'enfant se modifie.

49. — **Existe-t-il une maladie de Hirschsprung.** Vue d'ensemble anatomique. Etude critique. *Archives de médecine des enfants*, novembre 1908, 34 pages.

A l'occasion des deux mémoires précédents, nous avons eu la curiosité de dépouiller le volumineux dossier de la maladie de Hirschsprung ou mégacôlon congénital.

A la suite de nos recherches, l'existence même de cette variété de constipation congénitale, la connaissance des limites et de la nature de cette affection nous ayant paru encore aujourd'hui mal précisée, nous avons consacré à cette étude une monographie que nous croyons complète.

Dans un premier tableau nous rapportons, bien que résumées, toutes les observations classiques suivies de nécropsie et attribuées par leur auteur ou après lui par d'autres écrivains à la maladie de Hirschsprung-Mya. Notre second tableau synoptique rapporte, résumées aussi, quelques observations non suivies de nécropsie, mais qui nous ont paru relativement complètes ou très typiques.

Après cette nomenclature un peu fastidieuse mais nécessaire, nous avons placé notre étude critique dont voici les conclusions :

1° La plus grande partie des cas rapportés au mégacôlon, même prétendus constatés à l'autopsie, ont été mal classés ;

2° Le *syndrome de Hirschsprung* existe, mais en fait, s'il répond incontestablement à une réalité clinique, il faut bien aussi reconnaître que sous l'apparente unité de la maladie décrite par Hirschsprung se cache une grande multiplicité étiologique, sinon pathogénique ;

3° Théoriquement possible, le *mégacôlon congénital idiopathique* (maladie nettement caractérisée aussi bien au point de vue anatomo-clinique qu'au point de vue étiologique) est une anomalie très rare, dont il n'existe encore que très peu de faits absolument démonstratifs. Ils ne peuvent et ne doivent d'ailleurs concerner que des nourrissons, se manifester à la naissance et amener assez rapidement la mort ;

4° A côté de la vraie maladie de Hirschsprung réellement congénitale, type presque théorique, tellement il est rare, on doit connaître et savoir diagnostiquer l'existence de ce que nous appellerons les *syndromes de Hirschsprung*, caractérisés par une constipation chronique avec dilatation et hypertrophie colique. Ils reconnaissent d'ailleurs des causes multiples, que le devoir de tout médecin consciencieux sera de rechercher par un examen méthodique et approfondi. Dans tous les cas, d'ailleurs, ce syndrome est nettement secondaire à la constipation, le plus souvent congénitale ou pseudo-congénitale ;

5° Avant d'affirmer une dilatation colique congénitale idiopathique, il faut éliminer tous les facteurs qui ont pu en déterminer l'apparition ; régler l'alimentation, examiner la tonicité du sphincter de l'anus, le calibrage du rectum, et provoquer pendant un certain temps des évacuations régulières ;

5° Se rappeler que la plupart des cas médicalement curables de constipation chronique congénitale non alimentaire avec syndrome de Hirschsprung semblent être des cas à S sigmoïde trop long. « La guérison a lieu lorsque, par l'évolution normale de l'organisme infantile, l'ascension du côlon sigmoïde se fait en partie hors du pelvis et qu'on assiste ainsi au dépelotonnement de cet intestin » (1).

(1) Cette question, que nous avons ainsi contribué à remettre en discussion, doit faire l'objet d'un rapport au prochain congrès d'obstétrique et de pédiatrie de Toulouse (1910) (Pr PATEL de Lyon).

50. — **Gastro-entérites et toxi-infections digestives.** *Annales de médecine et chirurgie infantiles*, mars 1909.

Cette étude, rédigée sous forme de consultation, est l'exposé très schématique de notre enseignement propédeutique sur ce problème si délicat de pathologie infantile. Après avoir rappelé tous les éléments du pronostic à connaître, comme les indications thérapeutiques à remplir, nous insistons d'une façon toute particulière sur le côté pratique et thérapeutique de la question.

51. — **Sur un nouveau mode d'administration de l'eau de mer dans les gastro-entérites infantiles.** *Annales de médecine et chirurgie infantiles*, janvier 1909.

Il s'agit de l'emploi du sérum marin sous forme de lavements lavages intestinaux.

52. — **La bronchite fétide simple non gangreneuse chez l'enfant.** Aperçu anatomo-clinique. *Annales de médecine et chirurgie infantiles*, 1er janvier 1908 ; *Revue mensuelle d'obstétrique et de pédiatrie*, mai 1908.

Par ce travail, nous avons voulu rétablir certains faits cliniques aujourd'hui presque tombés dans l'oubli.

Pour la plupart des auteurs, le terme de bronchite fétide est égal à celui de bronchite gangreneuse superficielle. C'est là une erreur anatomique et clinique. Suivant en cela l'exemple de maîtres autorisés (Laennec, Graves, Traube, Empis, Trousseau), nous croyons à l'existence de bronchites fétides simples non gangreneuses, et en particulier pour l'enfant nous appuyons notre conviction sur des faits cliniques sérieusement établis.

A l'aide de dix observations personnelles, il nous a paru possible d'établir les *divers aspects symptomatiques des bronchites fétides chez l'enfant.*

Les trois formes : aiguë banale, suraiguë et chronique, ont malheureusement une *étiologie* et une *pathogénie* encore aujourd'hui très confuse, que nous essayons pourtant de préciser.

Dans tous les cas, le *diagnostic différentiel* se fait facilement, d'abord sans doute par l'exclusion de tout autre facteur de fétidité coexistant avec une bronchite (ozène, abcès rétro-pharyngien) ; ensuite et surtout par l'examen microscopique et l'absence de toute trace de gangrène broncho-pulmonaire (fragments de parenchyme avec tissu élastique plus ou moins dissocié). Le diagnostic se trouve souvent aussi confirmé par l'évolution ultérieure de l'affection.

Le *diagnostic étiologique* est aujourd'hui encore assez difficile ; il n'est pas plus aisé de dire dans un cas donné quel est le point de départ de l'infection pulmonaire fétide, que de préciser quelles variétés microbiennes (saprophytiques ou non) sont en cause.

Le *pronostic* et le *traitement* varient suivant la forme clinique. Nous signalons les bons effets des pulvérisations phéniquées à 50/1000 suivant la méthode de notre maître le professeur Baumel.

La méthode intratrachéale (installations d'huile gomenolée ou mentholée) pourrait peut-être aussi donner de bons résultats.

Dans la plupart des cas, il faudra veiller sur l'état général. (toniques, balnéation thermale, Cauterets, Eaux-Bonnes, Saint-Honoré, Saint-Sauveur, Mont-Dore ou la Bourboule).

53. — **Pneumonie récidivée chez l'enfant** (en collaboration avec Brunel). *Société des Sciences médicales de Montpellier*, 26 mars 1909.

Les récidives et les rechutes de la pneumonie ne sont pas rares chez l'enfant; mais nous avons pu, dans le cas que nous rapportons, souligner toute une série de faits peu classiques.

La première fluxion pneumococcique a été cliniquement constatée et identifiée par l'examen microscopique.

La seconde pneumonie, survenue deux ans plus tard, s'est faite en un autre point pulmonaire et s'est terminée par hépatisation grise ; elle fut compliquée de l'apparition d'un noyau pneumonique voisin (rechute), lequel donna lieu à des signes pseudo-cavitaires très nets.

L'examen des crachats de l'enfant par simple frottis nous a induit partiellement en erreur en nous faisant reconnaître le bacille de Koch sous les traits d'un simple acido-résistant sans virulence.

A la nécropsie il n'y avait aux poumons aucun follicule tuberculeux net ; l'enfant était pourtant une tuberculeuse ganglionnaire trachéo-bronchique.

54. **Pleurésie séro-fibrineuse latente chez l'enfant** (avec le Dr Maillet). *Société des Sciences médicales de Montpellier*, 8 avril 1910.

Observation d'une enfant de neuf ans chez laquelle, malgré l'absence de signes de dyspnée marquée, l'examen clinique a révélé une pleurésie séro-fibrineuse étendue. La ponction ramène 600 cc. de liquide à réaction cytologique mixte. La culture n'a pas été faite, parce qu'on croyait se trouver en présence d'une pleurésie tuberculeuse. Or l'inoculation au cobaye est restée négative.

Nous préparons une revue générale sur ces faits de pleurésies latentes séro-fibrineuses non tuberculeuses chez l'enfant.

55. — **La rétention d'urine dans la fièvre typhoïde chez l'enfant** (avec le Dr Ros). *Annales de médecine et chirurgie infantiles*, 15 juillet 1908.

Nous rapportons deux observations de fièvre typhoïde chez l'enfant au cours desquelles nous avons dû intervenir pour une rétention d'urine vraiment importante. A leur occasion, nous avons jugé intéressant de reprendre et de résumer l'historique de cette complication relativement fréquente, mais peu classique, de la dothiénentérie en général.

Nous nous attachons ensuite à en préciser la pathogénie : *a*) stupeur du système nerveux et anesthésie, puis paralysie vésicale ; — *b*) compression et paralysie du centre vésico-spinal ; — *c*) rétention par spasme ; — *d*) rétention réflexe par suite d'une cystite ou d'une uréthrite coexistante).

Ces divers facteurs pathogéniques de la rétention d'urine dans la fièvre typhoïde n'en modifient pas sensiblement le pronostic.

Le plus souvent cette complication bien traitée n'aura pas de conséquences sérieuses ; mais elle constitue un signe indéniable de fièvre typhoïde grave.

Le traitement en est classique. Cathétérisme évacuateur aseptique pas trop poussé ; s'il y a lieu, traiter la cause probable de rétention : suivant les cas, remonter l'état général, dégager les centres médullaires, apaiser l'inflammation locale.

56. — **L'Ascaridiose chez l'enfant**. *Société des Sciences médicales de Montpellier*, 2 juillet 1909.

Il s'agit de l'observation d'un enfant de sept ans atteint de parasitisme intestinal très marqué révélé simplement par la recherche

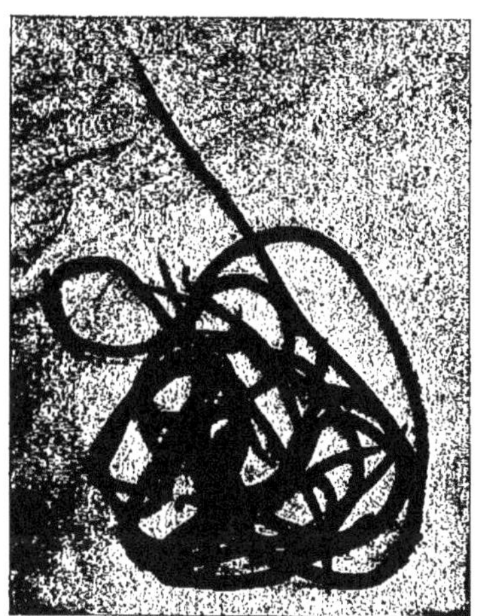

systématique des œufs dans les selles. Le réactif de Meyer et la réaction de Weber démontrèrent des traces de sang dans l'extrait éthéré des selles. Après deux prises de santonine, dix-neuf lombrics, dont la longueur variait entre 28 et 38 centimètres, furent expulsés en un seul bloc.

57. — **Péritonite par perforation intestinale dans un cas de dothiénentérie d'allures bénignes chez l'enfant.** *Société des Sciences médicales de Montpellier*, 21 mai 1909.

Ce fait illustre d'un nouveau document l'adage classique modifié : *On sait comment commence une dothiénentérie, on ne sait pas comment elle doit finir.*

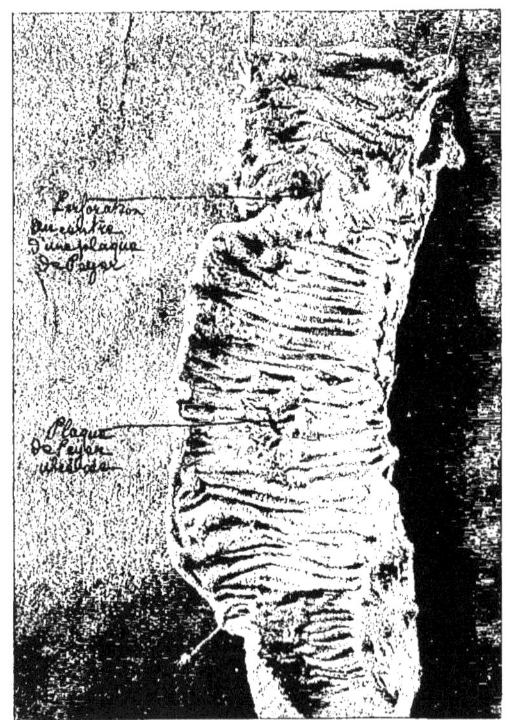

La perforation s'est faite au siège classique et sur une plaque de Peyer de petites dimensions, alors que tout l'iléo-cœcum est parsemé de grosses plaques très étalées.

58. — **Les applications continues de glace sur l'abdomen dans la fièvre typhoïde chez l'enfant.** *Quinzaine thérapeutique*, 10 août 1908.

Dans cet article nous présentons la statistique des cas de fièvre typhoïde traités depuis cinq ans dans le service de notre maître le professeur Baumel et nous signalons les heureux résultats de la frigothérapie abdominale dans le traitement de la dothiénentérie chez l'enfant.

Employée seule, elle suffit dans la plupart des cas à permettre la guérison. On devra aussi l'employer toujours dans les cas très graves concurremment avec les antithermiques ou la balnéothérapie tiède ou froide.

Quant aux prescriptions internes, elles seront quotidiennement inspirées par l'état du petit malade et son examen méthodique.

Ces conclusions sont celles de la thèse de notre excellent confrère le Dr Marini, Toulouse, 1909.

59. — **Des polyuries insipides. Essai de classification pathogénique.** Mémoire pour le prix Sviécicki, 1907 (avec M. Delmas). *Nouveau Montpellier médical*, novembre 1907.

Après un rapide historique de la question, nous concluons que la *polyurie (habituellement en dehors de toute cause rénale) relève dans la règle, d'un trouble nerveux*; celui-ci traduit tantôt une lésion organique sur place, de voisinage ou à distance, constituant dans ce cas les polyuries *d'ordre réflexe*; d'autres fois c'est un simple *trouble fonctionnel* qui paraît devoir être incriminé (névroses ou vésanies). La polyurie par *simulation* est exceptionnelle.

Restent pourtant en dehors de toute classification étiologique un certain nombre de cas de polyuries aujourd'hui d'ailleurs moins nombreux, auxquels nous laissons le nom de polyuries idiopathiques et que nous groupons en un chapitre d'attente.

Cela étant posé nous avons cherché à démêler, pour les polyuries insipides à étiologie connue, le mécanisme par lequel elles peuvent apparaître, quelle est, en un mot, *leur pathogénie.*

Nous la résumons en disant que :

Si la filtration excessive au niveau du glomérule produit de la polyurie, c'est que la tension de ce territoire rénal a subi une exagération qui est à son tour sous la dépendance, dans la règle, d'un point de départ bulbaire (centre de Cl. Bernard), mais qui, pratiquement, est dans la majorité des cas, mis en branle par le désordre de tel autre département nerveux chez les prédisposés (ce qui fait la part de l'hérédité).

L'hypertension relèverait très fréquemment d'une excitation périphérique ou centrale (polyuries réflexes).

59 *bis*. — **Des Polyuries.** (Revue générale. Esquisse pathogénique). *Archives générales de médecine*, décembre 1907.

Les conclusions de cette étude d'ensemble sont d'ordre à la fois théorique et pratique :

Au point de vue théorique :

1° Nous avons réussi à établir des polyuries une classification schématique dans laquelle les données de la chimie pathologique et de l'étio-pathogénie semblent heureusement combinées :

Classification générale des Polyuries	d'après une analyse chimique rapide.	d'après l'examen clinique du malade et les données étiologiques de l'interrogatoire.
A. *Symptomatiques*	I. *Polyuries glycosuriques.*	Polyuries glycosuriques sans diabète. Polyuries diabétiques : Diabète nerveux. — pancréatique. — arthritique.
	II. *Polyuries albuminuriques.*	Polyuries de la néphrite interstitielle. Polyuries dans certains cas : d'albuminurie prétuberculeuse. d'albuminurie dites physiologiques.
	III. *Polyuries pyuriques.*	Polyuries concomitantes à des lésions suppuratives des voies génito-urinaires.
	IV. *Polyuries dites insipides* : Polyurie insipide vraie. Fausses polyuries insipides : P. Phosphaturique. P. Oxaturique. P. Azoturique. P. Inosurique.	Polyuries par simulation. Polyuries symptomatiques : de lésion rénale (?) de lésion anatomique ou fonctionnelle du système nerveux. (polyuries réflexes). Polyuries Essentielles.
B. *Essentielles.*	Polyurie insipide héréditaire.	

2° Avec l'aide des classiques, nous avons cherché à éclaircir dans une certaine mesure la pathogénie complexe de ces multiples formes de polyuries.

Depuis les travaux déjà anciens de Bowmann, on sait qu'il est deux parts à faire dans l'excrétion urinaire ; que l'on discute le siège unique ou multiple de ses deux fonctions, peu nous importe ; un fait certain, c'est que le rein est, comme on l'a souvent répété, à la fois une glande et un filtre.

Mais au point de vue de la polyurie elle-même, il est incontestable que c'est le rôle du rein en tant que filtre qui est le plus important. Or *la transsudation aqueuse est le résultat de l'excès de tension auquel le sang est soumis dans le bouquet glomérulaire. Plus il passe de sang dans un temps donné et plus la pression sanguine est forte dans l'artère rénale, plus abondante sera l'urine.*

Par le premier fait (passage d'une quantité de sang plus considérable dans le rein) se trouve à notre avis éclairée toute la pathogénie des polyuries par polydipsie et des polyuries sucrées. Le sucre attire, en effet, dans le sang, une quantité d'eau considérable, provenant des tissus sinon des boissons, et ainsi augmente la masse du sang. La polyurie du régime lacté résulte à la fois de la masse d'eau introduite dans l'organisme et de la présence du sucre ou lactose qu'il apporte dans l'organisme.

Par le deuxième fait (pression intrarénale augmentée) s'explique le mécanisme de toutes les polyuries dites insipides, de la polyurie albuminurique, de celle due à une néphrite interstitielle, des polyuries pyuriques. Dans tous ces cas il y a, en effet, congestion rénale active directe ou réflexe. De même la digitale, l'ergot de seigle, diurétiques énergiques, n'agissent en somme surtout qu'en augmentant la pression vasculaire.

Au point de vue clinique :

Notre revue générale oriente d'une façon méthodique l'interrogatoire et l'examen de tout malade atteint de polyurie.

Les urines d'un polyurique sont claires ou troubles.

1° Elles sont claires : une rapide recherche de l'albumine et du sucre nous permet de nous rendre compte dans lequel des trois groupes de polyuries claires il faut chercher (polyuries glycosuriques, polyuries albuminuriques, polyuries dites insipides).

L'interrogatoire et l'examen du malade indiqueront ensuite la forme clinique, la variété étiologique.

2° Les urines sont troubles : la pyurie est manifeste. C'est aux voies génito-urinaires que nous devrons alors nous adresser pour résoudre la question d'étiologie. Quant à l'importance séméiologique du symptôme polyurie, elle est sans nul doute considérable, permettant de soupçonner par exemple soit une prétuberculose, soit une néphrite interstitielle au début, en l'absence de tout autre symptôme fonctionnel.

60. — **Un cas d'hémophilie grave chez l'enfant. Traitement par le sérum antidiphtérique. Amélioration durable**. *Société des Sciences médicales de Montpellier*, 5 février 1909.

A propos d'un fait clinique intéressant, nous abordons, sans le discuter d'ailleurs dans ses détails, le problème des rapports de l'hémophilie et de l'anémie pseudo-leucémique.

61. — **Un cas d'inanition grave chez l'enfant** (*in* Baumel, leçons cliniques). *Montpellier médical*, 1908.

Observation des plus curieuses et des plus rares ; elle a trait à un enfant de 12 ans qui, après être resté quatre jours entiers privé de nourriture et de boisson, présenta, en même temps qu'une hypothermie très accentuée, des hématémèses graves et de l'acétonémie assez prolongée.

62. — **Septicémie mortelle au cours d'un eczéma chez le nourrisson** (en collaboration avec Brunel). *Société des Sciences médicales de Montpellier*, 19 février 1909.

La question de la possibilité d'accidents mortels au cours de l'eczéma est aujourd'hui jugée, et les travaux du professeur Hutinel et de ses élèves ont définitivement démontré la gravité possible des dermatoses en apparence les plus bénignes du premier âge.

A propos d'un fait personnellement observé, nous rappelons les conclusions des travaux les plus récents sur le problème pathogénique que soulèvent ces cas de morts subites, et comme conclusion pratique nous indiquons la nécessité d'une véritable asepsie dans tous les soins qui concernent le jeune eczémateux.

63. — **L'érysipèle complication d'un eczéma de la face chez l'enfant.** *Société des Sciences médicales de Montpellier*, 18 juin 1909.

Cette observation présente un double intérêt clinique et bactériologique ; elle démontre la possibilité chez l'enfant de la complication érysipélateuse de l'eczéma qui sert véritablement de porte d'entrée à l'infection. Un streptocoque bien caractérisé a pu être démontré dans la sérosité eczémateuse.

65. — **Un cas de kératose symétrique familiale**. *Société des Sciences médicales de Montpellier*, 25 juin 1909.

66. — **Un cas de dystrophie dentaire familiale.** *Société des Sciences médicales de Montpellier*, 25 juin 1909.

Ces deux observations, mis à part les détails de leur histoire clinique, viennent confirmer l'importance attribuable à l'hérédité dans la genèse de certaines malformations congénitales.

67. — **Un cas d'infantilisme type Lorain.** *Société des Sciences médicales de Montpellier*, 11 juin 1909.

Il s'agit d'un garçon de 16 ans passés qui, par sa taille comme par tous ses attributs physiques, est sans contredit un infantile du type Lorain.

Cette observation soulève sans nettement y répondre la question de la pathogénie de l'infantilisme et de ses diverses variétés.

En l'absence de signes nets d'hypothyroïdie, mais aussi de facteurs héréditaires ou personnels de dystrophie générale, notre infantile constitue au point de vue pathogénique, soit une forme nouvelle non classée, soit un terme de passage entre les infantiles vrais myxœdémateux ou non mais dysthyroïdiens et les faux infantiles dystrophiques. Le traitement thyroïdien régulièrement institué depuis le moment de notre communication n'a pas sensiblement amélioré l'état de l'enfant.

68. — **Thorax en entonnoir chez l'enfant.** *Société des Sciences médicales de Montpellier*, 17 mai 1909.

A l'occasion de deux faits personnels où la déformation était très accusée, nous discutons la valeur des nombreuses hypothèses émises pour l'expliquer.

Nous envisageons ensuite les conséquences pathologiques du sternum en entonnoir (cœur forcé, bronchites à répétition) et cela fait nous discutons le traitement à instituer suivant les cas. La coexistence, signalée par Apert, de malformations congénitales du cœur, n'a pas été observée par nous.

70. — **Les grosses hernies inguinales et ombilicales chez l'enfant.** *Annales de médecine et chirurgie infantiles*, 1er octobre 1908.

Ayant eu l'occasion d'observer chez l'enfant plusieurs cas curieux de grosses hernies, nous en rappelons les caractères spéciaux en insistant sur les complications particulières qu'entraîne leur évolution précoce au premier âge de la vie.

70. — **Pratique courante des maladies des enfants** (in-8°, 200 pages, Vigot, éditeurs.)

Cet ouvrage, dont la publication a dû être retardée malgré nous, n'est en somme que le résumé d'une série de leçons élémentaires de clinique et de thérapeutique infantile.

Dans ce guide pratique, chaque consultation sera précédée d'un court résumé clinique dans lequel sont surtout mis en valeur les facteurs pronostiques de chaque maladie ou grand symptôme.

Divers articles en collaboration avec le Dr Périer ont déja paru dans les deux dernières années des *Annales de médecine et chirurgie infantile*. Ex. : *Allaitement*, *Sevrage*, *Alimentation des jeunes enfants*, *Angine*, *Pneumonie*, *Bronchites*...

*
* *

ÉTUDES DE PHYSIOPATHOLOGIE ET DE MÉDECINE EXPÉRIMENTALE.

Bien pénétré de cette idée générale, à savoir que la clinique doit bénéficier, à tous les points de vue, de l'étude physiologique et expérimentale régulièrement poursuivie des sujets sains, l'auteur, chef de clinique médicale infantile, s'est efforcé d'établir pour l'enfance des critères normaux de comparaison clinique. Voici résumées les conclusions de nos principales recherches à ce point de vue :

71. — **Essai sur l'évolution du poids et de la taille chez l'enfant.** *Annales de médecine et chirurgie infantiles*, 15 janvier 1909.

Après avoir donné les chiffres personnels obtenus d'après plusieurs centaines de mensurations effectuées sur des enfants sains de tous les âges, nous précisons dans ce travail les quelques nouvelles mnémotechniques qui permettront en clientèle de préciser le degré de l'atrophie ou de l'hypotrophie présentée par un petit malade.

Taille. — L'enfant qui atteint à 1 an 75 centimètres ne double sa taille de naissance (50 centimètres) que de 4 à 6 ans ; il ne la triple que de 13 à 15 ans.

A partir de 5 ans (1 mètre), l'augmentation de la taille est facilement calculée en ajoutant à 1 mètre autant de fois 0 m. 06 que se sont écoulées d'années depuis l'âge de 5 ans.

Poids. — L'enfant à la naissance pèse environ 3 kilos ; il triple dans la première année ; double de 1 à 7 ans ; double de 7 à 13 ans (Weill).

L'enfant qui pèse 9 kilos à 1 an augmente d'autant de fois 1.500 ou 1.750 grammes qu'il a d'années jusqu'à 7 ans.

A partir de 7 ans, il augmente d'autant de fois 2.500 à 2.750 grammes qu'il a d'années en plus de 7 jusqu'à 14 ans.

72. — **Le coefficient de robusticité chez l'enfant.** A paraître *in Annales de médecine et chirurgie infantiles*, juillet 1910.

Tout en reconnaissant qu'un organisme aussi variable que celui de l'être humain ne peut révéler de façon absolue ses aptitudes à la santé ou à la maladie suivant des formules mathématiques, les médecins ont depuis longtemps cherché à établir des règles pratiques destinées à éliminer de l'armée les faibles, les insuffisants. Ainsi ont été données des moyennes faciles à calculer et auxquelles tout médecin militaire consciencieux aime à se reporter pour contrôler l'impression générale que lui produit un douteux, un malingre.

Dans quelques mois va fonctionner de façon sérieuse en France la visite médicale régulière des écoles. Il y avait lieu de rechercher si l'inspecteur pourrait recourir, comme complément d'enquête clinique rapide, aux méthodes numériques d'appréciation justement en honneur aujourd'hui dans l'armée. Le degré de force dynamométrique, la taille, le périmètre et l'amplitude thoraciques, le poids, tous ces facteurs indicatifs de la robusticité seront sans doute notés régulièrement dans des observations suivies (fiches sanitaires individuelles) ; mais, considérés en eux-mêmes, ils n'ont aucune valeur absolue.

Les divers procédés de Pigné, de Boureau et Gaulejac, de Thémoin, basés sur la recherche comparative de ces divers éléments, donnent des indications peu fidèles chez l'enfant.

L'indice de Variot, $\frac{\text{T (taille)}}{\text{P (poids)}}$, a au contraire une valeur que ne conteste aujourd'hui aucun médecin d'enfants ; mais il faut constamment, en pratique, se reporter à la table dressée par l'auteur.

Nous attirons l'attention sur l'intérêt qu'il y a chez l'enfant à établir le rapport numérique inverse de celui de Variot comme complément de tout examen clinique ; c'est-à-dire de calculer non plus $\frac{T}{P}$ mais $\frac{P}{T}$, le rapport de la taille au poids.

Au point de vue théorique, notre procédé, comme le précédent, compare deux données dont logiquement l'augmentation devrait, chez un enfant normal, être en quelque sorte parallèle.

Mais il est incontestable que dans les cas de dissociation pathologique de la croissance, ce qui varie le moins chez l'enfant même malingre, c'est la taille. Il est donc logique de prendre ce chiffre T comme diviseur. Le quotient ainsi obtenu pour un petit malade aura l'avantage de varier de façon plus directe avec l'âge et la résistance prévue des sujets normaux ; plus un enfant est âgé, plus son rapport de robusticité doit être élevé : de la naissance à 1 an il passe chez les bien portants de 0,065 à 0,12 ; de 1 an à 5 ans à 0,15 et atteint à 13 ans 0,25.

En pratique, la comparaison du chiffre ainsi obtenu pour chaque enfant examiné ne demande on le voit ni grand calcul ni table normale.

La progression des chiffres du rapport physiologique est simple à retenir quand on sait que l'enfant a un coefficient normal de 0,065 à la naissance, que celui-ci double à 1 an et augmente environ de 0,1 par an jusqu'à 14 ans.

Ces quelques données, qui nous avaient inspirées par les faits cliniques, ont été éprouvées dans notre pratique ultérieure et vérifiées exactes.

73. — **Contribution à l'étude de la respiration chez l'enfant.** Renseignements fournis par la pneumographie. *Annales de médecine et chirurgie infantiles*, 16 mai 1908.

Après avoir précisé la technique à suivre la plus simple pour enregistrer la respiration chez l'enfant, nous donnons le résultat de plus de 500 tracés recueillis dans la clinique des maladies des enfants (Pr Baumel).

Cela fait, nous croyons devoir émettre quelques conclusions sur les données théoriques et pratiques que semble, à l'heure actuelle, nous fournir la pneumographie simplifiée pour l'étude de la respiration chez l'enfant.

La pneumographie est un procédé d'investigation clinique

pratique très précis, mais insuffisamment comparable d'un moment à l'autre.

Quoi qu'il en soit, elle nous a permis au *point de vue théorique :*

1° De déterminer avec des documents durables les divers

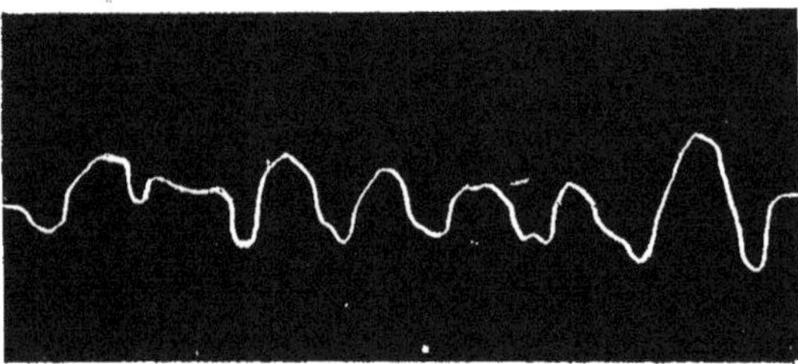

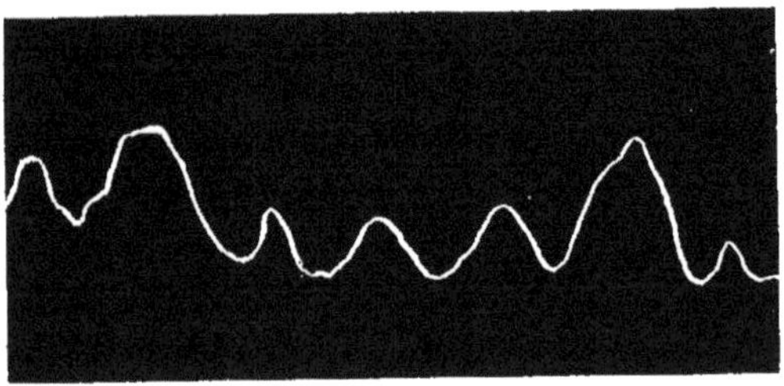

Tracés respiratoires chez un nourrisson bien portant de 6 mois ; l'enfant dormait et les mouvements respiratoires paraissaient réguliers à un examen simplement clinique.

types cliniques normaux et pathologiques de la respiration infantile ;

2° De fixer les différences de la respiration infantile normale par rapport à celle de l'adulte, aussi bien au point de vue du rythme et de l'amplitude que de la fréquence ;

3° De signaler la modification du type respiratoire comme bien antérieure à la puberté.

Comme *résultats cliniques* nous ne pouvons qu'énoncer les faits suivants :

Chez un tuberculeux, un rachitique thoracique, il sera pratique et utile, pour un même expérimentateur, de prendre et de conserver les tracés des diverses respirations : abdominale et thoracique supérieure et inférieure. La comparaison de ces tracés marquera la diminution de dilatabilité des sommets, les modifications du rachitisme thoracique avec le temps, c'est-à-dire en somme les résultats respiratoires des déformations.

Dans les maladies aiguës, à siège pulmonaire ou non, les modifications notées concernent surtout la fréquence du rythme et sont de peu d'intérêt pratique.

74. — **Contribution à l'étude de l'Association pathologique de certains centres bulbaires.**

1° **Un trouble curieux de la déglutition** (avec présentation de malade). *Société des Sciences médicales de Montpellier*, 18 janvier 1907.

L'enfant qui fait l'objet de cette communication était âgée de 2 ans, probablement syphilitique héréditaire ; en tout cas, nettement rachitique avec gros ventre.

A la suite de convulsions de la toute première enfance, la petite malade a présenté un trouble curieux de la déglutition.

Son étude clinique attentive nous permet d'affirmer qu'il s'agit d'un trouble central du temps pharyngien.

La syphilis n'aurait déterminé chez l'enfant aucune manifestation périphérique avérée, mais il est probable qu'elle a créé des lésions centrales siégeant au niveau du centre de la déglutition (relié physiologiquement au centre de la respiration).

2° **Analyse physio-pathologique d'un trouble central du réflexe de déglutition** (avec M. Fleig). *Journal de physiologie et de pathologie générales*, mai 1907.

Dans ce travail nous donnons le résultat de recherches de laboratoire entreprises sur la petite malade qui a fait l'objet de la précédente communication.

Après avoir cliniquement décrit ce trouble de la déglutition, nous l'analysons dans les détails de ses diverses modalités à la lumière de la méthode graphique. Une apnée prolongée précède chaque déglutition.

Cette apnée prolongée (commençant en inspiration ou expiration) ne correspond pas exactement à l'apnée possible de la

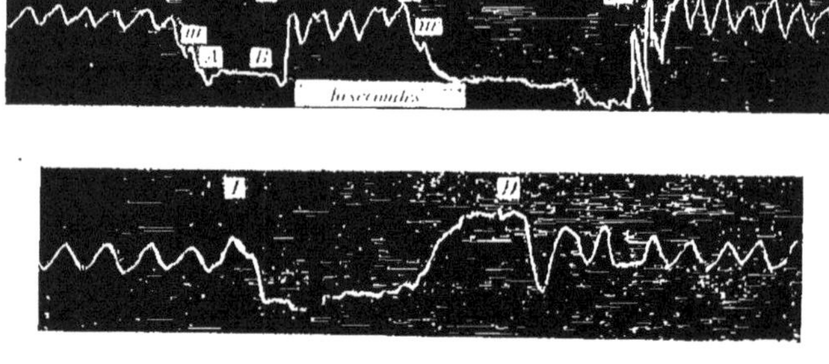

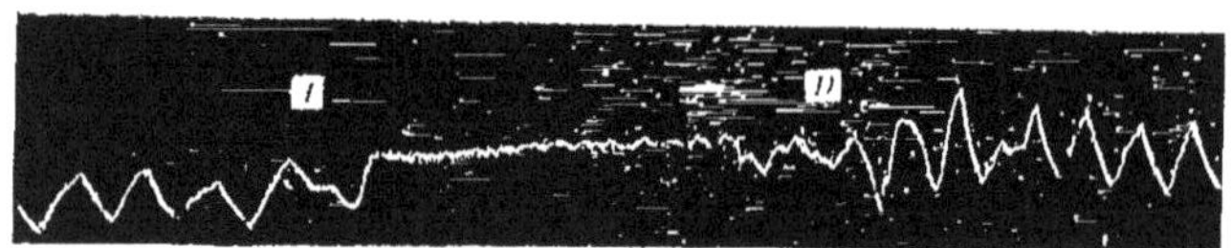

Divers types de tracés pneumographiques recueillis chez l'enfant ; l'attente de déglutition dure de I à D.

déglutition normale, et a lieu nettement avant celle-ci, apnée précoce, pouvons-nous l'appeler. Mais nous retrouvons pourtant dans nos tracés le faible mouvement respiratoire qui marque le début de la déglutition normale.

En somme, la méthode graphique appliquée à ce fait clinique montre que la courbe de la respiration subit d'une part les modifications qui interviennent chez l'individu normal, mais qu'il s'y superpose une complication nouvelle, l'*apnée précoce particulièrement prolongée* pouvant aller jusqu'à manifester sur les téguments des signes non douteux d'un début de cyanose.

Nous établissons ensuite les raisons pour lesquelles le trouble de la déglutition observé chez notre petite malade nous paraît de nature centrale.

Enfin nous étudions le mécanisme physio-pathologique qui régit le fonctionnement anormal du centre intéressé : le mécanisme de la déglutition repose tout entier chez notre malade sur *l'excitation anormale du centre de déglutition par irradiation vers ce dernier du tonus du centre respiratoire, à la fin de l'apnée précoce prolongée.*

75. — **Les variations de la température chez l'enfant. Etude expérimentale** (avec le Dr Lassablière, de Paris). A paraître *in Annales de médecine et chirurgie infantiles*, juillet-août 1910.

Dans ce mémoire, nous nous sommes efforcés de rassembler les quelques données classiques très diverses sur la température physiologique de l'enfant, mais chaque document ainsi classé a dû le plus souvent être précisé, discuté ou complété par de nombreuses recherches personnelles.

Après avoir fait en quelques lignes la critique des températures axillaires (thèse de notre élève et ami Rougon, Montpellier, 1910), nous reprenons en somme, d'une façon complètement méthodique, l'étude des variations de la température centrale (rectale) chez le nourrisson :

Chez l'enfant déjà grand comme chez le nourrisson jeune, même très bien portant et nourri au sein, il existe à l'état normal un véritable rythme journalier théorique des variations de la température centrale ; ce *rythme nycthéméral semble à l'état normal, chez le nourrisson au sein, atteindre son maximum en une espèce de plateau, de 7 heures du matin à 7 heures du soir ; chez le nourrisson allaité au lait de vache, mais bien portant, le maximum thermique se maintiendrait un peu plus longtemps jusque vers dix heures.*

D'autre part, recherchant, dans une étude complémentaire, à préciser les divers facteurs physiologiques des variations de la température centrale chez l'enfant (c'est-à-dire le mouvement, l'alimentation, la température ambiante), nous démontrons que *l'éducation de la thermogénèse est d'autant plus imparfaite que l'enfant est plus jeune.*

De plus, par le jeu combiné de ces divers facteurs de modifications thermiques, peuvent, croyons-nous, s'expliquer bien des modifications souvent signalées au rythme nycthéméral sans cela le plus classique.

76. — **La tension artérielle normale chez l'enfant.** *Annales de médecine et chirurgie infantiles*, juillet 1908.

Plus de 500 mensurations de tension artérielle ont été prises par nous chez des enfants bien portants d'âge et de sexe différents, de taille et de degré de développement variables.

Ces recherches nous permettent de conclure :

1° Qu'il existe une tension moyenne assez fixe chez l'enfant ; au delà de 6 ans, le chiffre obtenu avec l'appareil Potain augmente presque proportionnellement à l'âge du sujet ;

2° La puberté marque une augmentation assez nette de la tension artérielle moyenne ;

3° On n'oubliera pas dans la pratique que certaines conditions purement physiologiques (menstruation, digestion, exercice physique ou intellectuel, effort) modifient sensiblement la tension personnelle de chaque sujet.

77. — **L'élimination rénale provoquée chez l'enfant.** *Annales de médecine et chirurgie infantiles*, 1909.

Combinée à l'examen clinique comme à l'analyse cytologique et chimique des urines, la recherche de l'élimination du bleu si pratique à réaliser chez l'adulte, est-elle appelée à devenir chez l'enfant un auxiliaire vraiment précieux pour l'examen des fonctions rénales ?

A cette question nous essayons de répondre par des faits.

Nous avons cherché d'abord à préciser systématiquement chez

l'enfant bien portant : 1° le moment du début de l'élimination, les rapports d'apparition du bleu et de son chromogène ; 2° le rythme et la durée, en un mot la courbe de l'élimination ; 3° la quantité de matière colorante éliminée proportionnellement à la quantité injectée.

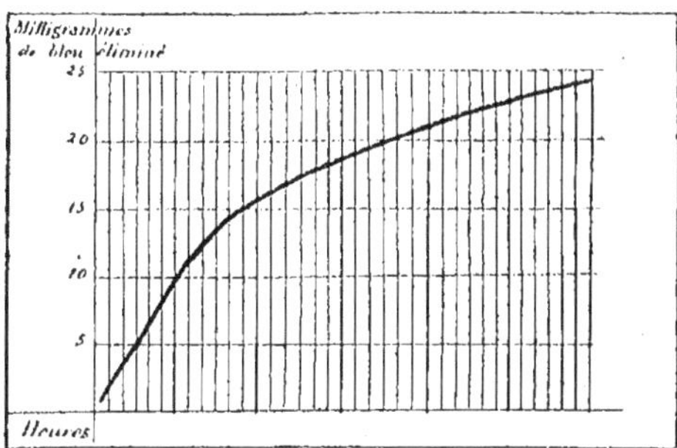

Courbe moyenne de l'élimination rénale chez six enfants sains.

La seconde partie de notre travail est consacrée à la discussion de quelques résultats personnels (8 néphrites aiguës, 2 albuminuries orthostatiques).

L'épreuve du bleu nous apparaît en définitive comme un procédé d'enquête clinique à la fois pratique et sans danger, dont l'emploi mérite d'être généralisé en pédiatrie.

Au cours d'un premier examen, la recherche de la perméabilité rénale aidera à fixer l'ancienneté de l'albuminurie observée : albuminurie récente = perméabilité exagérée ; albuminurie ancienne = le plus souvent perméabilité diminuée, élimination prolongée.

A la fin du traitement d'une néphrite, elle permettra d'en affirmer la guérison fonctionnelle.

78. — **Quelques considérations pratiques sur l'allaitement artificiel.** *Annales de médecine et chirurgie infantiles*, 15 avril 1909.

A la suite de nos études expérimentales sur la qualité des laits de mélange et des laits de vache dits individuels, nous nous sommes demandé s'il était vraiment légitime de conseiller ou de laisser aux mères le soin de réclamer de leur laitier du lait individuel, c'est-à-dire de faire prélever toujours *au même* animal le lait nécessaire à l'enfant privé *d'une* nourrice.

Dans cet article, nous rapportons toute une série de documents personnels qui nous semblent permettre de trancher définitivement la question par la négative.

79. — **Recherches sur l'élimination des nitrates** (en collaboration avec Mestrezat).

a) Par les plexus choroïdes (V. *Perméabilité méningée aux nitrates*, n° 33).

b) Elimination des nitrates par diverses glandes de l'organisme (V. n° 34).

c) **Perméabilité des séreuses en général.**

Cette dernière étude a été entreprise à la suite de nos recherches sur la perméabilité méningée aux nitrates ; nous avons eu l'idée de pratiquer cet essai dans la recherche de la nature des divers épanchements séreux : pleurésies, hydrocèles, ascites.

Quelques résultats encore inédits ont été depuis obtenus par nous et paraissent à ce point de vue des plus encourageants.

80. — **Un cas d'hémoglobinurie paroxystique chez l'enfant** (en collaboration avec Lagriffoul et Derrien). *Société des Sciences médicales de Montpellier*, 2 juillet 1909.

Quelques recherches à la fois cliniques, urologiques et hématologiques, sur un cas d'hémoglobinurie paroxystique, nous permettent de formuler les conclusions suivantes :

1° L'hémoglobinurie paroxystique peut se montrer chez l'enfant, avec un caractère de gravité quelquefois très marqué ;

2° La guérison de l'anémie grave provoquée par des crises répétées d'hémoglobinurie est assez rapide dès la cessation des accidents ;

3° Il se peut qu'à part le traitement habituel et classique des anémies par spoliation sanguine, à part aussi le traitement étiologique (froid, fatigue), les malades bénéficient de la sérothérapie banale, plus facile à réaliser que la sérothérapie antihémolytique ou antihémorragique ;

4° L'hémoglobinurie paroxystique *a frigore* n'est pas comme on l'a cru une entité morbide bien définie ; il semble que nous assistions à la progressive dislocation nosographique ou tout au moins pathogénique de cette singulière affection ;

5° A côté des *hémoglobinuries paroxystiques avec hémoglobinhémie* (Ehrlich, Donath, Widal et Rostaine) par fragilité globulaire anormale ou production de lysines, on doit admettre l'existence *d'hémoglobinuries sans hémoglobinhémie antérieure* et dans lesquelles on ne peut provoquer l'hémolyse *in vitro* ni par l'expérience d'Ehrlich ni par celle de Donath ;

6° Parmi les hémoglobinuries paroxystiques sans hémoglobinhémie, il faut sans doute faire une place à part aux hémoglobinuries d'origine rénale (Hayem et Robin, Bartels, Batkin, Rosenbach) ;

Mais à côté d'elles se trouvent juxtaposées, quoiqu'elles n'aient ensemble aucun rapport autre que la clinique, des hémoglobinuries de pathogénie différente, d'ailleurs peut-être elle-même non unique, et pour lesquelles Camus admit une origine musculaire.

7° Les troubles de l'élimination urinaire (appauvrissement en chlorures, élévation du Δ) déjà signalés par certains auteurs (Courmont, Morel et André) dans l'hémoglobinurie paroxystique dite essentielle, ont été retrouvés par nous dans l'observation que nous venons de rapporter ;

8° La détermination du degré d'imperfection uréogénique :

$$\frac{\text{Az d'AzH}^3}{\text{Az d'AzH}^3 + \text{Az d'urée}}$$

démontre une augmentation nette du rapport de Maillard au moment de la crise hémoglobinurique.

Peut-être dans l'avenir la recherche de ce coefficient urinaire permettra-t-elle de déterminer certains des troubles de la nutrition dans les hémoglobinuries paroxystiques.

PUBLICATIONS D'HYGIÈNE PUBLIQUE

Depuis notre nomination au laboratoire d'hygiène de la Faculté, nous avons surtout étudié trois questions d'hygiène publique.

Les premières de nos publications portent sur *la question du lait*. Sur les conseils de notre maître le professeur Bertin Sans, nous avons d'une part étudié le problème tel qu'il se pose à Montpellier et d'autre part nous avons réussi, par des recherches personnelles, à fixer une méthode d'analyse simple pour déterminer rapidement le degré d'ancienneté de divers échantillons de lait.

A un autre point de vue, le grand *problème des viandes de consommation*, de leur nocuité, de leur nature animale (bœuf, cheval ou porc), à cause surtout de l'application récente qui leur a été faite des réactions précipitantes, nous a paru motiver une série de recherches personnelles.

Quelques travaux de *démographie et de puériculture* nous ont enfin été suggérés par ce fait que nous étions appelés à enseigner quotidiennement les principes modernes de la lutte contre la mortalité infantile.

A) ÉTUDES SUR LES LAITS DE CONSOMMATION

LE PROBLÈME DE LA QUESTION DU LAIT EN GÉNÉRAL.

81. — **Comment peut-on, dans une ville, réaliser d'une façon pratique l'inspection régulière des laits de consommation?** *Journal des praticiens*, 20 octobre 1908.

82. — **Procédé pratique pour déterminer le degré d'altération d'un lait. Essai au bleu de méthylène** (avec le Pr BERTIN SANS). *Revue d'hygiène et de police sanitaire*, août 1909.

La question du lait a Montpellier.

83. — **Contrôle officieux du lait livré à Montpellier par les laits syndiqués en 1908.** *Montpellier médical*, mai 1909.
Même publication pour 1910. *Ibid.*, avril 1910.

84. — **Etude des laits de dépôt de la ville de Montpellier** (avec le Dr Ros). *Société des sciences médicales de Montpellier*, juin 1908.

Nouvelle étude en 1909 (avec le Pr Bertin Sans). *Montpellier médical*, mai 1909.

I. — Notre premier travail est un simple mémoire de vulgarisation ; nous avons cherché à montrer comment il est possible et facile en pratique de déceler les deux fraudes en quelque sorte classiques du lait de consommation, nous voulons parler du mouillage et de l'écrémage. L'acidobutyromètre de Gerber permet le dosage rapide et assez précis des matières grasses du lait ; quant au mouillage de tel échantillon d'analyse, il est également décélé par la détermination de son point cryoscopique.

II. — Il nous a été bien plus difficile de trouver un procédé pratique permettant de fixer en quelques minutes l'ancienneté d'un lait ou, pour mieux dire, son degré d'altération. La méthode de Vaudin au carmin d'indigo, sans doute plus simple que le procédé acidimétrique, présente de nombreux inconvénients qui l'ont empêchée de se généraliser. Employant à notre tour une solution étendue du bleu de méthylène, nous avons pu indiquer, avec notre maître le professeur Bertin Sans, un procédé très fidèle susceptible de rendre de réels services dans l'appréciation rapide du degré d'altération de la richesse microbienne de tel ou tel échantillon soumis à l'analyse.

L'essai au bleu de méthylène a donc été présenté par nous dans la *Revue d'hygiène* et les *Annales de médecine et chirurgie infantiles* ; il a été depuis ce moment employé avec succès dans diverses gouttes de lait et diverses crèches.

III. — Si pour rechercher la qualité d'un échantillon de lait, nous avons été ainsi amené à vouloir fixer des méthodes d'analyses à la fois pratiques et sûres, c'est surtout à cause de l'initiative prise à Montpellier par la Commission du lait de la ligue contre la mortalité infantile.

Notre maître M. le professeur Bertin Sans, ayant constaté par des études successives la mauvaise qualité du lait à Montpellier, en fit connaître les résultats. Leur publication provoqua une démarche du bureau du syndicat des laitiers de la ville. A la suite de longs pourparlers, fut décidée l'organisation d'un contrôle officieux du lait fourni par les laitiers syndiqués.

Toute une série de travaux publiés par la Commission du lait a fait connaître les résultats du fonctionnement régulier d'une surveillance qui, après deux blâmes pour fraude, aboutit pour les contrevenants à l'exclusion du syndicat.

Nous ne nous sommes jusqu'ici surtout attaché qu'à poursuivre les fraudes sur la valeur marchande (mouillage, écrémage) des échantillons prélevés ; mais à ce premier point de vue il est intéressant de rapprocher les résultats jusqu'en 1909 de ceux qui furent observés en 1906, avant la surveillance.

L'éloquence des chiffres nous permet de ne pas insister sur les progrès évidents réalisés grâce au fonctionnement régulier d'une surveillance pourtant pûrement officieuse.

Degré du mouillage.

	Proportion pour 100			
	Avant la surveillance en 1906	Depuis la surveillance		
		en 1907	en 1908	en 1909
Echantillons non mouillés. .	37	78,5	85,1	91 8
— mouillés à 5 0/0.	7,4	5,4	9,5	2,2
— de 5 à 10 0/0. .	14,8	9,1	5	4,1
— 10 à 15 0/0. . .	22,2	5,5	0	1 1
— de plus de 15 0/0.	18	1,5	0,3	0,6

Richesse en beurre.

	Proportion pour 100			
	Avant la surveillance en 1906	Depuis la surveillance. en 1907	en 1908	en 1909
Echantillons contenant moins de 30 gr. de beurre p. litre.	11,2	9,5	7	5,8
— de 30 à 35 gr. —	51,8	35,3	29,2	25,3
— de 35 à 40 gr. —	25,9	40	42,6	46,7
— de 40 à 45 gr. — et au-dessus.	11,1	15	19,4	21,9

Mais il y a plus et mieux à faire. Justement préoccupés de la place qu'occupe le lait dans l'alimentation des enfants comme des malades, bien pénétrés des dangers que courent tous ceux qui boivent du lait altéré, nous cherchons à obtenir par l'éducation des laitiers des améliorations progressives dans la propreté de la traite et la conservation du lait ; par une surveillance due à l'application de notre procédé rapide d'essai au bleu de méthylène, nous comptons bientôt faire livrer au consommateur un lait à la fois propre et de composition chimique normale.

La question de la prophylaxie antituberculeuse des bovidés a été étudiée au point de vue local, mais soulève des difficultés pratiques si considérables que nous ne saurions l'aborder avant d'avoir obtenu une série d'améliorations urgentes, dans la propreté générale et élémentaire des étables et dans la tenue même des bêtes laitières.

IV. — Malheureusement notre œuvre de contrôle ne s'étend qu'aux membres du syndicat des laitiers ; nous ne pouvons surveiller ni les non-syndiqués ni les entrepositaires et revendaires ; pour les laits de dépôt, la situation hygiénique reste en 1909, malgré la loi de 1902 sur les fraudes, ce qu'elle était en 1906.

B) ÉTUDES GÉNÉRALES SUR LES VIANDES DE CONSOMMATION.

1. — **Contribution à l'étude de la nocuité des viandes tuberculeuses dans l'alimentation humaine.** *Revue d'hygiène*, 1909.

Simple mise au point de la question d'après l'excellente thèse d'Huguier, Montpellier, 1909.

2. — **Contribution à l'étude de la fraude sur la nature animale des viandes.** 2 mémoires : Hygiène de la viande et du lait : février-mars 1909 ; janvier et février 1910.

L'importance sociale aussi bien qu'économique de la fraude sur la nature animale des viandes de boucherie n'est pas la seule raison qui nous ait ainsi déterminé à écrire une revue générale des procédés d'analyse proposés jusqu'à aujourd'hui pour pouvoir surveiller à ce point de vue l'application régulière des ordonnances légales. C'est aussi à cause de l'importance chaque jour plus grande que semble prendre, en matière d'hygiène alimentaire comme en médecine légale, la méthode dite des sérums précipitants.

L'état de la question à ce double point de vue est donc exposé dans nos deux mémoires.

L'examen histologique des viandes, la recherche de l'indice de réfraction des graisses, de leur chiffre d'iode, l'analyse chimique complète du produit carné à examiner, surtout le dosage du glycogène par les divers procédés classiques, ces divers essais n'ont qu'une valeur relative et laissent l'expert souvent impuissant à démontrer la fraude.

Quant à la réaction dite biologique des viandes (sérum précipitant), elle est longuement étudiée dans notre second mémoire. Bien qu'encore aujourd'hui la technique de certains auteurs soit imparfaite, presque tous s'accordent véritablement à reconnaître la valeur pratique du procédé dans la détermination de la nature animale des viandes.

C'est d'ailleurs simplement pour perfectionner et uniformiser, s'il est possible, la technique de prochains expérimentateurs que nous avons entrepris des expériences de contrôle encore inachevées.

C) TRAVAUX DE DÉMOGRAPHIE ET DE PUÉRICULTURE.

87. — **Quelques faits démontrant l'urgence de la lutte contre la mortalité infantile en France**, *Annales de médecine et chirurgie infantiles*, décembre 1909 ; *Province médicale*, janvier 1910.

La France marche vers la dépopulation. A l'aide de plusieurs cartes ou graphiques, nous attirons une fois de plus l'attention sur la diminution inquiétante de la natalité française.

A cette lamentable décadence de la vie française, les médecins ne peuvent pas entièrement porter remède.

Mais qu'au moins, la mortalité infantile n'enlève pas à notre pays les rares enfants qui lui naissent.

Ce résultat sera surtout obtenu par la vulgarisation des principes modernes de la puériculture.

88. — **Quelques considérations sur la mortalité infantile à Montpellier pendant le décennaire 1899-1908.** (Avec le Dr Gerbault). *Nouveau Montpellier médical*, mai et juin 1909.

La mortalité infantile constitue, de l'avis de tous les hygiénistes, un des facteurs de dépopulation sur lesquels nous avons aujourd'hui même le plus de chance de pouvoir efficacement agir.

Luttant personnellement dans ce sens depuis près de 5 ans à Montpellier, nous avons eu l'idée de chercher à établir d'une façon systématique l'état de la mortalité infantile dans notre ville. En soulignant les résultats jusqu'ici obtenus, ce travail ne devait-il pas nous montrer d'une façon indiscutable le chemin à suivre, les progrès à accomplir ?

D'après les indications retrouvées dans les statistiques du

bureau municipal d'hygiène, nous avons d'abord dressé le *casier sanitaire de Montpellier* au point de vue de la *natalité* comme *de*

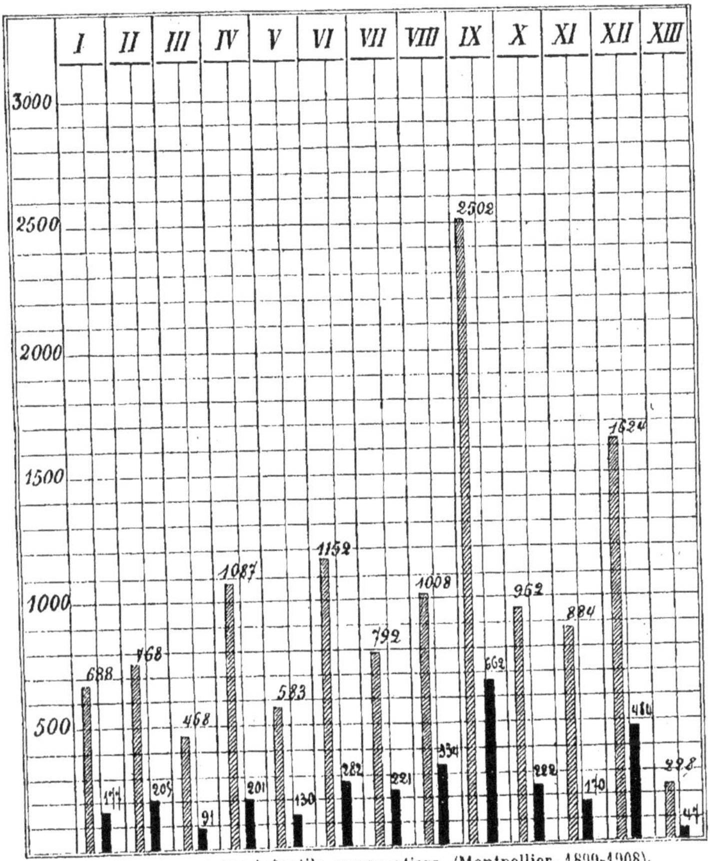

Natalité et mortalité infantile par quartiers, (Montpellier, 1899-1908).

la mortalité infantile; certains quartiers de la ville nous ont ainsi paru présenter une léthalité véritablement navrante. C'est précisément là que doivent essayer d'agir les autorités compétentes ; c'est dans ces quartiers que l'union de toutes les bonnes volontés et des généreuses initiatives est particulièrement nécessaire pour mener à bien l'éducation hygiénique des mères,

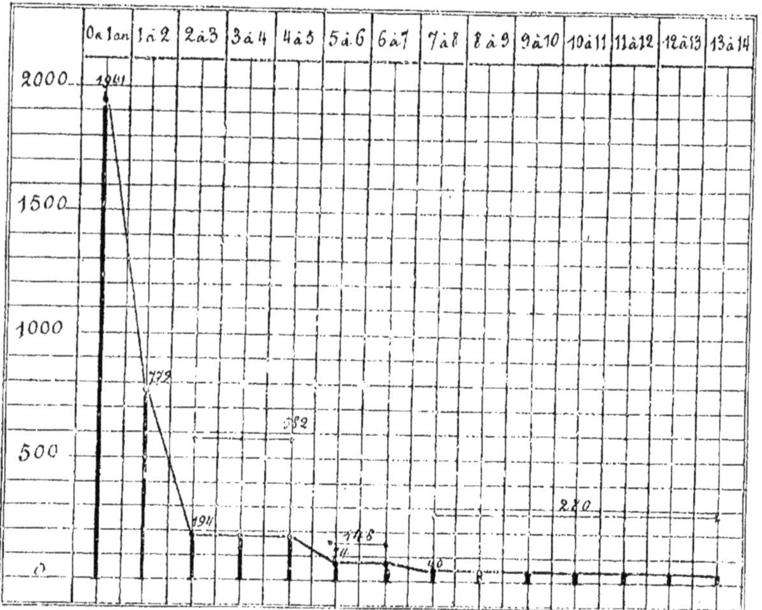

Importance de la mortalité infantile suivant l'âge.

leur apprendre les principes élémentaires de la puériculture.

Étudiant dans la seconde partie de notre travail la mortalité infantile en elle-même, nous soulignons l'énorme tribut que lui paient les nourrissons de 0 à 2 ans ; nous mettons en vedette les gros chiffres qui marquent la mortalité par rougeole, scarlatine, variole, enfin et surtout par diarrhée simple ou entérite, toutes maladies souvent évitables.

89. — **Principes modernes de puériculture** (in-8°, 300 p., avec le Dr Périer, Vigot, éditeurs).

Sous ce titre va paraître un petit recueil de conseils aux mères. Sa seule originalité réside dans le fait d'une mise au point à la fois simple et exacte des principes modernes de l'hygiène scientifique de la première enfance. Quelques chapitres ont déjà paru dans les *Annales de médecine et chirurgie infantiles* de 1909 : *le Nouveau-Né et le Nourrisson ; ce qu'il faut savoir sur leur physiologie ; Premières étapes de la vie de l'enfant ; ce qui indique qu'un enfant se porte bien...*

Notre petit volume est le premier d'une trilogie ; les deux suivants seront consacrés : l'un à l'hygiène générale de la deuxième et troisième enfance ; l'autre à l'hygiène des enfants malades.

90. — **L'internat scolaire. Ses avantages ; ses inconvénients.** Essai d'étude sociale (65 pages). *Concours 1908 de la ligue d'hygiène l'enfance, médaille de vermeil.*

Ce travail manuscrit n'a pas été publié, puisque ainsi l'exigeaient les conditions du concours auquel nous avons participé. Nous n'y présentons, en somme, que le résultat de quelques réflexions personnelles sur les internats français.

En voici d'ailleurs les conclusions :

L'internat scolaire est un mal nécessaire dont il est difficile de prévoir la disparition en France.

Un internat bien compris, très bien surveillé et dirigé, pourrait d'ailleurs devenir un grand bien pour certains enfants qui ne voient chez eux que de mauvais exemples ou simplement qui reçoivent de leur famille une fâcheuse et funeste influence.

Le *grand internat* de nos lycées français, actuellement inacceptable au point de vue éducatif, hygiénique et moral, doit être absolument modifié pour être conservé.

Les avantages indéniables de l'internat plaident en faveur du maintien ou de l'organisation de *petits établissements avec peu d'internes* ; il faudrait aussi surveiller plus attentivement qu'on ne le fait aujourd'hui le recrutement des proviseurs et des maîtres ; enfin travailler à l'éducation progressive des parents eux-mêmes.

Le rôle du médecin scolaire est capital, puisqu'il devrait être le constant vulgarisateur des notions d'hygiène pratique personnelle ou collective dont la quotidienne négation constitue un des côtés les plus tristes de l'internat actuel.

VARIA

Nous nous bornerons à citer ici les titres des plus importantes *thèses de doctorat pour lesquelles nous avons donné diverses observations ou fourni quelques documents* (1) :

Chirurgie et médecine générale.

L'hystérie simulatrice de quelques affections chirurgicales. Cordero, Thèse Montpellier, 1905.

L'amputation acromio-thoracique. Ses résultats. Riche, Thèse Montpellier, 1905.

La méthode de Bier dans le traitement des tuberculoses ostéo-articulaires. Devèze, Thèse Montpellier, 1906.

L'appendicite tuberculeuse. Paoli, Thèse Montpellier, 1908.

De la tétanie gastrique. Son traitement par la gastro-entérostomie. Bastide, Thèse Montpellier, 1908.

Traitement des anémies prétuberculeuses. Chichtova, Thèse Montpellier, 1906.

Les péritonites pneumococciques d'emblée. Oechsner de Conink, Thèse Montpellier, 1910.

Médecine infantile.

L'eczéma de la face et du cuir chevelu. Dozoul, Thèse Montpellier, 1904.

De la gravité des localisations cardiaques du rhumatisme chez l'enfant. Michel, Thèse Montpellier, 1905.

---

(1) Quant à nos publications non ici analysées et qui portent sur des sujets divers, voir la liste générale de nos travaux placée au début de cet exposé ; on y trouvera toutes références utiles.

Les épilepsies réflexes chez l'enfant. Bousquet, Thèse Montpellier, 1905.

L'œuvre des enfants à la montagne de Saint-Etienne. Burnand, Thèse Montpellier, 1905.

De la gastro-entérite du nourrisson. Léothaud, Thèse Montpellier, 1906.

Recherches sur la splénomégalie chronique chez les nourrissons. Smirnoff, Thèse Montpellier, 1906.

Des chorées limitées chez l'enfant. Padoux, Thèse Montpellier, 1907.

La broncho-pneumonie complication de coqueluche. Roqueplane, Thèse Montpellier, 1907.

Contribution à l'étude de l'athrepsie de Parrot. Giraud, Thèse Montpellier, 1907.

Les métrorrhagies des vierges. Palliarès, Thèse Montpellier, 1907.

Le dicrotisme dans les maladies infectieuses. Delon, Thèse Montpellier, 1907.

Contribution à l'étude de la gale chez l'enfant. Millau, Thèse Montpellier, 1907.

Les teignes chez l'enfant. Mesures prophylactiques. Galais, Thèse Montpellier, 1907.

Adénoïte et entéro-colite du nourrisson. Goudareau, Thèse Montpellier, 1908.

La tuberculose congénitale. Bernard, Thèse Montpellier, 1908.

Accidents pathologiques de la dent de six, sept ans. Issautier, Thèse Montpellier, 1908.

Le rhumatisme articulaire du tout premier âge. Salle, Thèse Montpellier, 1908.

L'eau de mer dans les gastro-entérites infantiles. Wassermann, Thèse Montpellier, 1908.

L'adénie infectieuse, ses rapports avec l'adénopathie tuberculeuse. Trastour, Thèse Montpellier, 1908.

L'amyotrophie pseudo-hypertrophique chez l'enfant. Eyriès, Thèse Montpellier, 1908.

De l'urétrite et de la balanite non gonococciques dans la fièvre typhoïde. Caldier, Thèse Montpellier, 1908.

Les ictères chez le nourrisson. Besson, Thèse Montpellier, 1909.

Contribution à l'étude de l'hypertrophie du pylore chez le nourrisson. Bousquet, Thèse Montpellier, 1909.

Contribution à l'étude du rachitisme congénital. Guiderdoni, Thèse Montpellier, 1909.

Essai sur les accidents de la sérothérapie antidiphtérique chez l'enfant. Phéline, Thèse Montpellier, 1909.

Formes anormales de la méningite tuberculeuse chez l'enfant. Jusephovitch, Thèse Montpellier, 1909.

L'adénopathie trachéo-bronchique chez l'enfant. Nouveaux procédés de diagnostic étiologique. Mascré, Thèse Montpellier, 1909.

Cuti et intradermoréaction chez l'enfant. Duval, Thèse Montpellier, 1910.

De la mort subite chez l'enfant. Sabatier, Thèse Montpellier, 1910.

Variations de la température axillaire et de la température rectale chez l'enfant. Rougon, Thèse Montpellier, 1910.

Coqueluche et morphine. Pellissier, Thèse Montpellier, 1910.

Hygiène.

Les œuvres d'assistance et de protection à la mère, au nouveau-né et aux enfants du premier âge. Pestre, Thèse Montpellier, 1907.

La question du lait dans les grandes villes. De Vismes, Thèse Montpellier, 1908.

Les normes des laits à Montpellier. De France, Thèse doctorat en pharmacie Montpellier, 1908.

Des dangers de l'emploi des sels arsénicaux en agriculture. Ros, Thèse Montpellier, 1908.

Une petite épidémie de peste à Oran, 1907-08. Beral, Thèse Montpellier, 1909.

*
* *

Analyses de mémoires ou de thèses dans la *Revue d'hygiène* et dans les *Annales de médecine et chirurgie infantiles*.

BIBLIOTHÈQUE NATIONALE IMPRIMÉS

Poitiers. — Société française d'imprimerie.

www.ingramcontent.com/pod-product-compliance
Ingram Content Group UK Ltd.
Pitfield, Milton Keynes, MK11 3LW, UK
UKHW021557260726
13993UKWH00002B/886

9 782329 091556